龍神召喚の書

あなたの人生を大きく前進させる「龍」のチカラ

鮑《ホワ》 義忠《ギチュウ》
BeBe《ビビ》
Aya《アヤ》
著

VOICE

目次

はじめに

龍ほど人間と親しい伝説の生き物はいない

日本では昔から龍神さまの伝説が言い伝えられ、人間と龍は親しみ深い関係としてとらえられてきました。

おとぎ話の浦島太郎には龍宮城が登場して、乙姫さまが住む夢の国として描かれています。

また、陰陽師《おんみょうじ》の安倍晴明《あべのせいめい》が登場する説話では、晴明が子どもの頃に亀がいじめられていたのを助けたお礼として龍宮へ連れて行かれて、龍仙丸《りゅうせんがん》という不思議な薬を授かり、これを耳にいれると動物たちのしゃべる言葉の意味が理解できたといわれています。

日本の昔話や伝説に登場する龍宮城は、乙姫や龍王が統治する世界の中心とされている宮殿ですが、その伝説は全国にひろく点在していて、有名なもの以外にも無数にあるのです。

もともと中国において、神さまたちの住む地は蓬莱《ほうらい》と呼ばれ理想境とされてきましたが、その中のひとつとして龍宮が存在して、道教などを通じて中国から移入され、龍宮城伝説として言い伝えられたものと考えられます。

いずれにしても、伝説の生き物はたくさん出てきますが、龍ほど人間と親しいものは見当たりません。それほど、身近な存在として、人間と龍は古くからお付き合いをしてきたのです。

私たちが住んでいる日本列島の形もよく見ると、龍の形に見えるのも、なにか深い関係があるからだといえるかもしれません。

あなたにも〝氣づき〟を感じてほしい

実は私がそんな話を意識し出したのは、それほど前ではありません。もともと不信心の塊だった私は、目に見えないものは信じない質《たち》でした。

しかし父の突然のがんの発病から、不思議な体験と運命的な出会いによって、父が奇跡的に回復したことで変わっていったのです。いや、変わらなければならなかったのかもしれません。

自分の力ではどうしようもなかったことが、ある力によって末期がんが消滅してしまい、それこそが龍神さまや神さまの力だったとわかったのです。

それからというもの、ふと氣がつくと見えないものが見えてきたり、聞こえないはずの声が聞こえてきたりするようになりました。

それは特別意識することでもなくなに氣ないものですが、確かに何者かに守られ、ご加護を受けているような氣がしてくるのです。

それはまさに龍神さまの力だったのですが、私が風水道士だから守られたのではありません。私が風水道士として、活動を始める前からの〝氣づき〟といってもよいかもしれません。

そんな〝氣づき〟を感じるようになってから、いろいろな面で前向きになれて、運氣がよくなり、結果や実績（成果）もついてくるようになりました。

よくないことが降りかかっても氣分を転換して、次につなげることができるようになり、常に氣持ちよく、何事にも怖れずに取り組めるようになったのです。

この〝氣づき〟は誰にでも起こりうることだからこそ、読者の皆さんにも感じてほ

しいのです。そして、龍神さまのご加護を受けて、ご利益《りやく》も大いに享受してほしいのです。

本書を読んで、私の体験を通して龍神さまを身近に感じることで、〝氣づき〟を体験していただければ幸いです。

そうすれば、あなたにも見えないものが見えて、聞こえないはずの声も聞こえてくるのです。それこそ、あなたを幸福に導く第一歩となるでしょう。

序章
本家本元の龍神さまとの運命的な出会い

突然のがん宣告と奇跡の前ぶれ

私は今でこそ、風水道士として、いろいろな人の相談や鑑定、関連書の執筆などを行っていますが、もともとは不信心の極みのような人間でした。
父は本場台湾で風水を修得した風水師（鮑黎明）でしたが、そんなことには一切関心もなく、風水術や占星術など、見えないものに関してはまったく信じない、信じたくない人間だったのです。

そんな私の態度が災いしたのか、突然父の鮑黎明《ほうれいめい》ががんの宣告を受けます。
末期の舌がんで、有効な治療法もなく余命は幾ばくもないと告げられたのです。
父も私も突然のがん宣告で途方に暮れていたとき、ある出会いがありました。

その名をI氏といい、お目にかかった瞬間に、

「あなたはお父さんのために、本当に命を懸けられますか？」

といわれました。私はとっさに
「この命でよろしければ、今すぐ差し上げますよ！」

と答えました。

するとI氏は、父の舌がんの腫瘍に、「手を当てていいですか」といいます。

そのとき、父の様子を窺《うかが》うと首を縦に振りうなずいていました。

正直、藁《わら》にもすがりたい状態だったのです。

その後、I氏は30分程度、がんの部分に手を当てていました。

このときはなにも起こらなかったのですが、それは帰りの車中で、突然起こったのです。

ふと父を見ると、なにかを吐き出したいという仕草をし始めました。

すぐに車を止めると、父が車から飛び出して、なにかを口から吐き出したのです。

それはテニスボールくらいの血の塊でした。

テニスボール大に肥大し、かなり目立っていた父の顎辺りを見ると、腫瘍がなくなっていたのです!!

「こんな魔法のようなことがあるのだろうか⁉」

一同、驚愕の余り、声も出ませんでした!!

不信心な私も驚いた〝偶然〟の一致

実はI氏は私と会う前に、

「關帝《かんてい》さまから『父の病のために命を賭す覚悟の若者が、あなたをたずねて来る。もしもあなたが真意を試して、真の覚悟であれば力になってくれまいか⁉』といわれた」

というのです。

つまりI氏は父を救う使命を受けて、私の前にあらわれたのでした。

さらに、I氏はそのとき、私を見て

「あなたの後ろには、緑色のお召し物の關帝さまと昔の時代のあなたがいます。常に今のあなたを見守っていらっしゃいます。そしてあなたの周りには、助っ人がいますよ」というではありませんか。

一瞬なんのことだか、誰のことだかわからなかったのですが、すぐにひとりの人物が思い浮かんだのです。

その人物とは私の友人のひとりで、日頃から「靈感がある、靈が見える」そんなことをいっていましたが、当時の私は靈感などの類《たぐ》いにまったく関心がなく、内心「どうせ嘘だろ」と氣にもかけずにいたのです。

さすがの私も、目の前で奇跡的な体験をしたことで、久しぶりに彼を呼び出したのです。

「お前、霊が見えるっていってなかったっけ？　オレの後ろに誰がいるかわかる？」

と訊きました。すると友人は顔つきが変わって
「えっ！　答えていいの？」

と、私の背後を見ながらこういいました。

「緑色の着物のとても背の高い、ヒゲの長い武将が、槍みたいな武器を持っているよ!!　しかも、その隣には、顔は違うけど、おそらく前世のお前と思われる男がいるよ！　この武将の部下だったみたいだ。生首を二十個くらい持っていて氣持ちが悪いよ」

なんということでしょうか！　I氏と友人という、まったく知らない者同士が別々の場所で、まったく同じことをいうとは……。

私は「間違いない!!　これだ!!」と確信して、友人に「おそらくお前に、神さまかなにか知らないけどお告げが降りるらしい！　よろしく頼むな！」と伝えたのでした。

關帝《かんてい》さまの神託で本場台湾の關帝廟《かんていびょう》へ！

そうしてその友人を介し、横浜中華街の關帝廟という道教寺院に行くようにというお告げがあり、その場所に翌日向かうことになります。

關帝廟の受付で線香を購入しお参りを済ますと、友人がなにやらノートに書き出しました。

「我は精忠《せいちゅう》武《ぶ》安尊王《あんそんおう》である。お前の父の病は治してやろう。ただしお前、義を尽くせ‼　水を絶やすな‼　父、妹、友人、女性二名を同行して一六六五年に建てられた台湾にある最古の關帝廟である祝典武廟《しゅくてんぶびょう》へ参れ」

と書かれていいました。

この關帝さまからの神託を受けて、父と友人といっしょに、本家本元の台湾に行くことになるのです。

關帝廟

台湾の關帝廟に行くと、關帝さまが不在ということで、いったん父の知り合いの道教寺院に行くことにしました。

その道教寺院では三十人ほどの人が集まり、秘術とされる観落陰の修法《しゅほう》を行うということで、一斉に赤い手ぬぐいに黄色い護符を目に当てて目隠しをしました。

すると目隠しに目を閉じた状態なので、錯覚などありえないのですが、一瞬、光のようなものが見えたのです!!

關帝さまと三清道祖《さんせいどうそ》さまが目の前にあらわれた！

「アレ、氣のせいかな⁉」と思った次の瞬間、目隠しをしているはずなのに、古い造りの建物が見えたのです。

その建物には表札があり、私の氏名が書いてあるではありませんか。

おそるおそる中に入ると、なにやらひときわ身体の大きな鶏が一羽と、普通の鶏が数羽いたのです。

私が自分の名前を叫ぶと、ひときわ身体の大きな鶏が羽を大きく広げて合図をしていますが、これがどうやら、私の化身らしい。

すると間もなく、赤兎馬《せきとば》に乗った關帝さまがお見えになったのです。

私は即座にひざまずき一礼をすると、赤兎馬から音もなく華麗に降り立った關帝さまは、なにやら「これより貴賓が参る！」といいます。

私は訳もわからず「はっ！」と答えると、私の靈界の自宅の天井が突如、金色に光り出して天空があらわれました。

天空の雲海より杖を持った白髪の仙人と、お連れの神々と長寿を司る布袋《ほてい》さま、あと数名の神さまがあらわれたのです!!

そばにいる關帝さまが頭を下げて礼を尽くしていたので、私も真似て挨拶をします。

關帝さまに「あのお方たちはどなたですか」とお伺いすると、「三清道祖（元始天《げんしてん》尊《そん》・道徳天尊《どうとくてんそん》・靈寶天尊《れいほうてんそん》さまである!!」といわれたのです。

三清道祖さまから授かった三つの貴重な法具

三清道祖さまといえば三人の神さまで、常に中央に位置している元始大天尊《げんしだいてんそん》さまは、天界三十六天（『雲笈七籤《うんきゅうしちせん》』の説による）の頂上である大羅天、または清微天玉清《せいびてんぎょくせい》境《きょう》に住み、万物の生まれ出る以前の混沌とした「無極」を象徴しています。

続いて右側に並ぶ靈寶大天尊さまは、大羅天より二つ目の禹余天上清境《うよてんじょうせいきょう》に住み、「無極」から「太極」のことの起こりをあらわしています。

向かって左に並ぶ道徳大天尊さまは、大羅天より三つ目の大赤天太清境《だいせきてんたいせいきょう》に住み、別名、太上老君《たいじょうろうくん》とも呼び、古代中國の大哲学者、老子の神格化、道徳経《どうとくきょう》、化胡経《かこきょう》、清《せい》静経《じょうきょう》、太上感応経《だじょうかんのうきょう》、報恩経《ほうおんきょう》、妙真経《みょうしんきょう》などの数多くの経典を残して、「太極」から分かれた「陰陽」の発生を象徴しています。

なぜそんな偉い方たちがおられるのか?……と思っていると、太上老君さまが右手に持つ杖を振り上げると、今まで私の靈界の自宅にいたはずなのに、父の靈界の自宅に瞬間移動していたのです。

そして三清道祖さまから、私は「混元珠《こんげんしゅ》、陰陽扇《いんようせん》、如意《にょい》」の三つの法具を授かったのです。

なぜ法具を授かったのか意味のわからない私は「これはいったいなんですか?」とお尋ねすると、一筋の光に変わり、三清道祖さまと布袋さまは消えてしまわれたのです。

首を傾げながら關帝さまにお尋ねすると、「それはとても貴重な法具で、通常は滅多に手に入らないのだ。光栄に思え」といわれたのです。

自ら龍の背に乗り、自由自在に操れるなんて！

そのとき、關帝さまが「上空を見よ！」というので、空を見上げると雷が鳴っていました。

しかしそれは雷ではなくて、なんと龍が飛びまわっていたのです。

「あの龍は自在に操れるので、ここに呼ぶといい」といわれたので、天空高く飛翔する龍に向かって「私の前に降りてきてください！」というと、一瞬で目の前にあらわれたのです！

そして關帝さまが赤兎馬に乗って空中に飛んでいき、私もその孔雀の羽のような、それはそれは美しい青龍の背中に飛び乗ったのです!!

その青龍の移動速度たるや、まるで光のような速さで瞬きをするか否かの瞬間に、宇宙を何周したのだろう!?

あまりの速さと力強さに感動してしまったのです。

關帝さまの誘導で、宇宙と神仙界《しんせんかい》を飛びまわり青龍から降りると、關帝さまから別れ際に「いいか、義を尽くすのだぞ！」といわれ、特殊な護符を当てた目隠しを外して、現実に戻ったのです。

とうてい周囲の人には理解してもらえない、興奮醒めやらぬ体験をしたのですが、これまで不信心だった私は、まだ目に見えるなにかが起きた訳ではないので、戸惑っていたのです

持参した三十万円がお布施になった⁉

この寺院を後にして、父の案内でさらに別の道教寺院に向かいました。

そこは、後の私の道教の師となる林文瑞《りんぶんずい》老師（玄靈法師《げんれいほうし》、風水生基《ふうすいせいき》を得意とした道士）がいる無《む》極《きょく》玉《ぎょく》祖《そ》三清殿《さんせいでん》という寺院でした。

そこで、林道士が突然「あなたはこの旅でなにかを得るために懸けているものがあるね？」といわれ、私は「はい！」と答えました。

「では、あなたが今ポケットに持っている日本円で三十万円を、私に渡せるかな？」

「……？」

すると、父と友人が一斉に「おかしい！　そんな金払う必要がない!!」といいます。

内心「これはどういうことであろうか？」と考えていると、突然、私の目の前にふたたび赤兎馬にまたがった關帝さまがあらわれました!!

それはほんの一瞬だったのですが、現実に見えたので、その衝撃に思わず「あ～!!!」と叫んでしまい、私の身体は、武者震いをしてしまいました。

即座に林老師に「はい!!　これは差し上げます!!」といい、ポケットの中にあった日本円で三十万円を差し出しました。

すると林道士はなにやらうなずいて、奥の道教の神々さまが祀られている神壇に、私を案内します。

そして台湾語で、鴻鈞老祖《こうきんろうそ》（第六代目玉皇大帝）さまを筆頭に、祀られている神々さまに咒文《じゅもん》を唱えて、なにかを伝えていました。

翌日もう一度、林老師の玉祖三清殿を尋ねると、友人にあるおまじないをして、老師が父の顎の腫瘍に治療するように促しました。

すると友人の手からタバコの灰ぐらいの煙がモクモク出たと思ったら、なんと煙の出た量に反比例して、父の腫瘍はだんだん小さくなっていったのです。

最初に出会ったI氏は弁天さまだった！

翌日、台北市にある一七三八年に建てられた龍山寺《りゅうざんじ》に参拝しました。

龍山寺には聖観世音菩薩《しょうかんぜおんぼさつ》さま、航海の守護女神である天上聖母さま、学問の神である文昌帝君《ぶんしょうていくん》さま、今回の台湾の旅で我々をお招きくださった商売繁盛の神でもある關聖帝君《かんせいていくん》さまなど多くの神さまが祀られています。

ひととおり焼香を済ませると、友人がなにやらおかしなことをいい出しました。

「あのさ！　観音さまが『あなたのお父さんの病魔を消し去ってあげるから、龍山寺の側の仏具店で小さくて構わないので、木彫りの観音像を買って龍山寺の水を汲んで持ち帰って腫瘍に毎日、観音像を当てて！』といってるけど、どうする？」

もう友人が神童なのは理解していたので、なにが起きても不思議はありません。

私は「それはありがたい！　お言葉に甘えます！」といい、ミニ観音さま像を買っ

龍山寺

てきました。

半信半疑の父も、私の友人の神通力と目の前で起きる奇跡の数々には、理解ができないようでしたが、己の命には代えられないので帰国後、観音像を腫瘍に当てていました。

結局、ステージ4の父の末期の舌がんはみんなの力で、手術、放射線治療、抗がん剤を使用せずに跡形もなくなくなりました。

後日、弁天さまに
「なぜあのときに、父を助けていただけたのですか?」

とお伺いしたら、

「關帝さま、三清道祖さま(元始天尊、道徳天尊、靈寶天尊)が依頼主でしたから」

だといわれました。

実は、最初にお目にかかったI氏が、この弁天さまだったことがわかったのは、そんな奇跡が起きてからでした。

神さまや龍神さまは常に扉を開いて受け入れてくれる

ありがたいことに、その神々さまに直々に頼まれたせいで断りづらかったようで、他にも九天玄女《きゅうてんげんにょ》さま、天上聖母さま、観世音菩薩さま、福徳正神《ふくとくせいじん》さま、中壇元帥《ちゅうだんげんすい》さま、馬使爺《うまつかいじい》さま（輔順将軍《ほじゅんしょうぐん》）、大梵天王《だいぼんてんのう》さま（四面佛祖《よんめんぶっそ》）、文昌帝君さま、虎爺公《とらじいこう》さま（黒虎大将軍《こっこだいしょうぐん》）、不動明王さまなどが、父の病を平癒する際に、神仙界で厳正に協議していただいたのを、今でも鮮明に覚えているのです。

こうして不信心だった私でも、いろいろな高貴な神さまや龍神さまに出会うことができたのです。

今を思えば、これらの出会いのすべてが、私の風水道士としてのきっかけになったのです。

ですから、一般の人でも神さまや龍神さまのご加護を受けることは可能なのです。

日頃から信心深くないとダメだとか、信仰心が篤くないと受け入れられないということではないのです。

神さまや龍神さまは常に扉を開いて、あなた方の願いや思いを受け入れてくださいます。

第1章
日本は龍の形をした島国だった！

日本列島こそ龍神さまの〝生き写し〟

地図で日本列島の形をよく見てください。なにかに似ているとは思いませんか？　そうです。北海道が頭とすると、胴体が本州、脚が四国、尻尾が九州で、まさに「龍」の姿なのです。

こんなところからも、日本人と龍神さまは、親しく身近な関係だったといえるでしょう。

さらに不思議なことに、日本列島を形成する四つの島は、世界の縮図にも見えるのです。

つまり日本は世界の縮図であり、龍の形をした島国でもあったということです。

龍の形をした島国“日本”

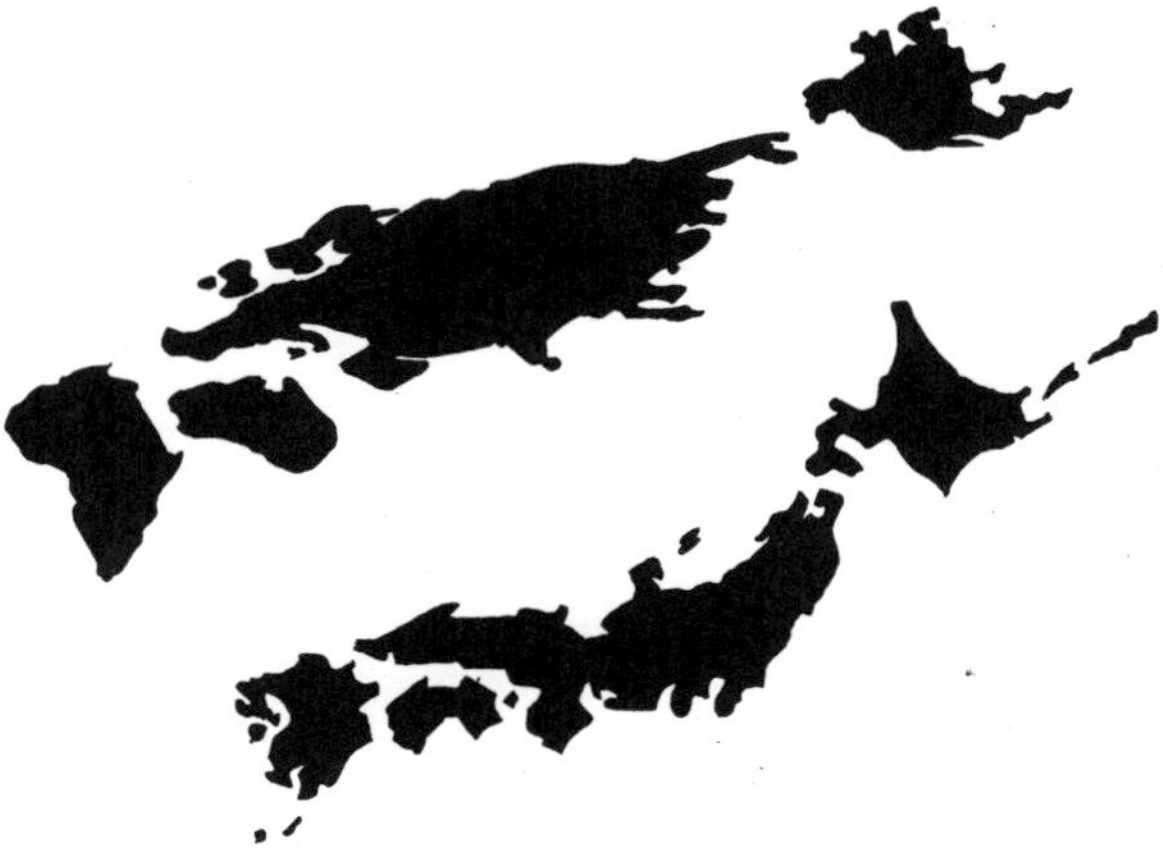

日本列島と相似している五大陸

日本列島の龍脈（氣の流れ）の形勢を通して、五大陸は日本列島と絶妙な相似性を持っているということです。

これは龍神さまを通して、日本と世界がつながっているということを示しているのです。

・北海道――北米大陸
・本州――ユーラシア大陸
・四国――豪州大陸
・九州――アフリカ大陸

また富士山はエベレスト山にあたり、琵琶湖はカスピ海、伊勢湾はペルシャ湾、紀伊半島はアラビア半島に酷似していて、さらに伊豆半島はインド半島、駿河湾がアラビア海、相模湾がベンガル湾、大島がセイロン島に見えます。

伊豆半島の北方に富士山が位置していて、インド半島のほぼ北部にエベレスト山があるので、この辺もよく似てます。

すると、房総半島はさしずめインドシナ半島といえるでしょう。

東京湾はタイランド湾、瀬戸内海は地中海に相似していると考えられます。

つまり、これらから日本列島は世界の縮図であるといえそうです。

また、〝龍〟と名の付く神社、地名などは本来、天災回避、地鎮のための結界的存在なのです。

結界的存在には、いろいろな災いから守ったり鎮めたりする役割がありますが、時の神事（神社、宗教儀礼、占い全般）や政事（政治）、教育が腐敗すると、その本来の役目は機能しなくなり災禍が止まらなくなります。

実は、それが現在の日本（世界）だといえます。

その主たる原因は、自然に対する現代人の畏敬と志の低さです。

時の皇帝のみ使うことを許された五本の爪の龍

古来中国では、時の皇帝のみが金色の五本の爪を持つ龍を使うことを許されていて、分不相応に五本爪の龍を使えば、一族郎党全員が死罪になる時代もあったといいます。それほど貴重で畏敬の存在だったということです。

北京市にある北海公園の九龍壁（下記写真）には、皇帝のみが許される五本の爪の龍が描かれています。

龍は、頭がラクダで角は鹿、耳は牛、う

五本爪の龍

なじは蛇、眼は兎、爪は鷲、掌は虎、腹は蜃《しん》（蛟《みずち》の一種）、鱗は魚のような形をしていて、龍とひと言でいっても実は老若男女あって、さまざまな種類があります。

◇虺《まむし》……中国の南北朝時代の中国神話を記した『述異記《じゅついき》』という書には、「水に棲む虺は、五百年で蛟《みずち》となり、蛟は千年で幼年期の龍になり、龍は五百年で角が生え千年で応龍《おうりゅう》になる」とある

◇蛟《みずち》……暴風雨を起こす水の龍で、毒を吐き河をも氾濫させるという

◇螻《おけら》……龍に属する蛇のような生き物

◇黄龍《こうりゅう》……黄龍は五本の爪を持ち、時の皇帝のみが使うことを許された最高位の龍で

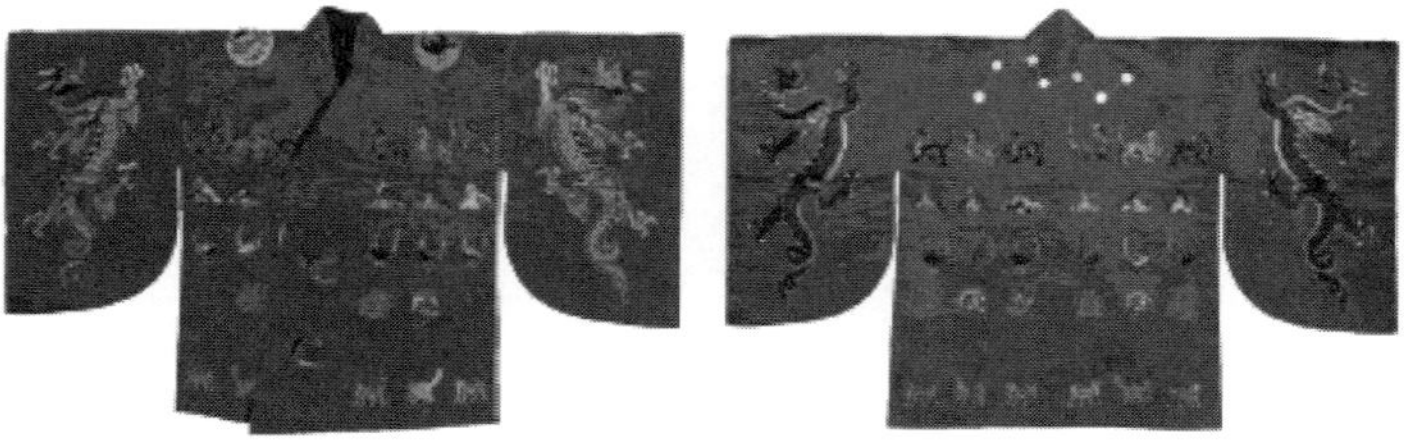

あり、日本でも時の権力者や神社の神事でのみ使うことを許された

中国の天子の正装には、日月（太陽と月）が左右の肩に、北斗七星が背中の上部に、さらに山が動かざる山の安定を表し、不動の象徴として、龍が袖の前後に王を守護する霊獣として刺繍《ししゅう》されていました。（右頁写真）

時の権力者は龍の力で森羅万象を支配した

ではなぜここまで、時の権力者は龍を使用したのでしょうか？

それは、「龍は大自然の凝縮したエネルギーの総称で、龍の力を手に入れると、森羅万象を掌握できるといわれていた」からです。

これは時の皇帝に限らず、神仏の場合も同様です。

中国神話では、元始天尊、歴代玉皇大帝（初代から十八代まで）、弁財天、瑤池金《ようちきん》

母《ぼ》、天上聖母、観世音菩薩、九龍太子《きゅうりゅうたいし》（中壇元帥）などの神仏の眷属《けんぞく》として龍を使い、また仏法を守護する八神である、天龍八部衆《てんりゅうはちぶしゅう》（帝釈天、大黒天、摩利支天、大梵天王、阿那婆達多龍王《あなばだったりゅうおう》、優波難陀龍王《ゆうはなんだりゅうおう》、難陀龍王《なんだりゅうおう》、娑伽羅龍王《しゃからりゅうおう》）、八大龍王、須佐之男命《すさのおのみこと》などが眷属に龍を従えているのです。

また中国の古典小説の封神演義《ほうしんえんぎ》では、太乙真人《たいいつしんじん》の弟子のひとりが霊珠《くしだま》となり、それを陳塘關《ちんとうかん》の武神・李靖《りせい》（毘沙門天）の妻、殷氏《いんし》の胎内で生まれ変わらせたのが哪吒太《なたたい》子《し》です。

哪吒太子は三年以上も胎内にいたため、生まれてきたときはすでに三歳児で、姿は金色に輝き腕には乾坤圏《けんこんけん》、腰には混天綾《こんてんりゅう》という超兵器（宝貝）を着けていました。

哪吒太子が九湾河という河で水浴びをしたところ、身体を洗うのに混元綾と呼ばれる超兵器（宝貝）を身にまとったまま河に入ったため、近くの入り江にある東海の水晶宮は激しく揺れてしまいます。

東海龍王の命で様子を見に来た巡海夜叉《じゅんかいやしゃ》は、事の原因がひとりの子どもだと知り、叱りつけました。

しかし哪吒太子は巡海夜叉を叩き殺し、さらに東海龍王の第三子である敖丙《ごうへい》まで殺し、そのうえ天宮に訴えようとした龍王敖丙に暴行を働き、陳塘關まで連行したといいます。

この後、哪吒太子は「九龍太子」という名前がついて、龍神さまのパワーをつけるようになりますが、龍のエネルギーとは、それほど大きな力だということがよくわかります。

龍神伝説が残された理由と背景

一方、日本では全国各地に龍神伝承または治水神話が、数多く残されています。

最も有名なものは古事記や日本書紀などに、登場する須佐之男命の八岐大蛇《やまたのおろち》退治ではないでしょうか。

またインド神話では、地上の人間を苦しめた悪龍ヴリトラという「宇宙を塞ぐ者」という意味の、旱魃を起こす大蛇の怪物を、雷霆神インドラが成敗しようとしたが、はじめはまったく歯がたたず、必殺必中の投降超兵器「インドラの矢（ヴァジュラ＝金剛杵）」によりヴリトラを撃退したといわれています。

これらの伝承から推察できるのは、いずれも龍を倒すことでひとつは治水になり、河川の氾濫を防ぐこと、もうひとつは龍の力を自分の手に入れられることなのです。

龍の力とは森羅万象の掌握、つまり自然現象のコントロールであり繁栄の力であったのです。

第2章
龍神さまを氣持ちよく召喚するための方法

龍神さまお迎えの第一歩は雨を降らせること

龍神さまはさまざまな氣象に変化してあらわれるので、道教ではまず雨を降らせて、地上と天の氣が通じて、龍神さまが降臨しやすいように、神事を執り行うのが定石です。

それは雨に限らず、時に嵐、台風、落雷、雪などにも変わります。

そのための護符を二つ紹介しておきます。

・招降雨符《しょうこううふ》（雨を降らせる護符）

・龍神召喚符《りゅうじんしょうかんふ》（龍神を召喚する護符）

護符には通常、「はい帯」や「貼懸《てんけん》」という使い方がありますが、いちばん身近な方法は「はい帯」で、人知れず身に付けて、いつも持ち歩くことです。

「貼懸」は護符や御札を室内や物に貼付する方法で、災難封じや家内安全などの御札は、この方法が適していますが、雨を降らせる護符や龍神さまを召喚する護符も同様です。

貼る場所としては、それぞれの護符に適した方位を選んで、風通しのよい部屋の壁や柱などで、少し高め位置に貼ると、汚れたり傷付けたりすることがないのでよいでしょう。

間違っても、トイレや風呂場など不浄な場所に貼ったり置いたり、粗末に扱ったりしてはいけません。

龍神さまをお招きすると家運が興隆する

中国三大宗教のひとつである道教では「安《あ》龍《りゅう》謝《しゃ》土《ど》科《か》儀《ぎ》」と呼ばれる龍神勧請《かんじょう》、いわゆる龍をお招きすると家運が興隆すると信じられています。

道教寺院、陰宅（お墓）、陽宅（住居）などで、その儀式は盛大に執り行われます。

これは、米で龍の姿をかたどり、鱗の部分には古銭または元寶《がんほう》という神仙界のインゴットなどを使って、見事に表現されている安龍謝土科儀の図です。（下記写真）

安龍謝土科儀は地鎮の要素も兼ねていますが、日本国内で行われる地鎮よりもスケールの大きいものです。

龍神さまは前述したように、通常はとらえどころがなく、実体があるようでなく、

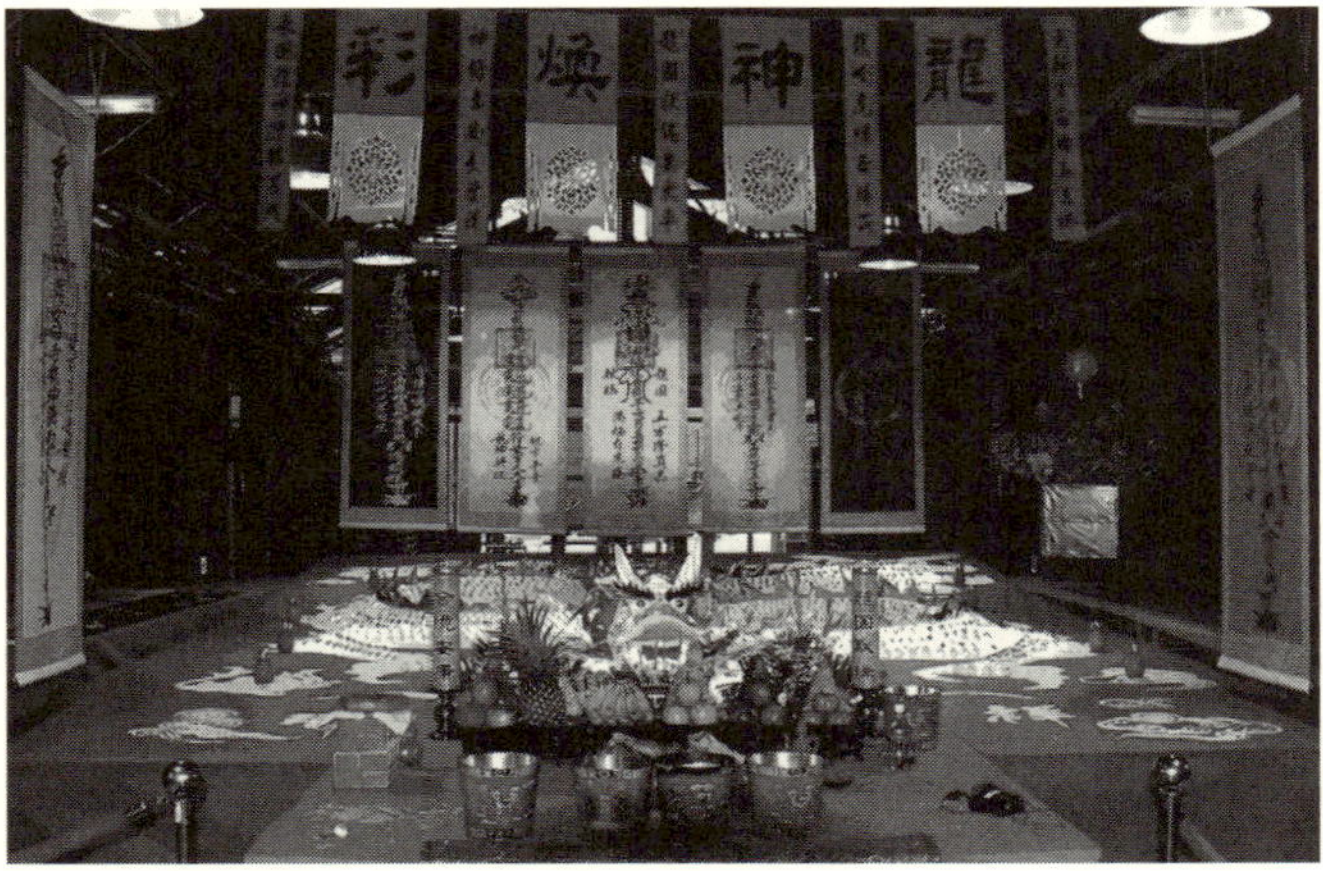

ないようである、それゆえ雨、風、雷などの氣候に変化して、姿をあらわします。

そして、その龍の力（エネルギー）は、とても澄んでいて強力ではありますが、その反面散りやすくもろい性質なのです。

最高の運を享受するための環境設定

龍神さまが降臨しやすいようにした後は、さらに最高の運を享受できるように、身のまわりの環境を整えることです。

一般的な開運法といわれているのは以下の二つです。

1、陽宅風水（住居）……住居をよい風水に調整すること

2、陰宅風水（お墓）……お墓をよい風水に調整すること

中華圏では最高の開運法は、陰宅風水（風水的に見た大吉相の土地に祖先のお墓を建立して供養すること）であるといわれていて、それに懸ける熱意は凄まじいものがあります。

ある経営者は、陰宅風水のために山ごと買って先祖を供養したり、中華系の世界的大富豪のほとんどが、なんらかの形で風水を取り入れたり、道教寺院に建立にかかわっているのです。

中華圏でここまでこだわりのある「陰宅風水」とはつまり、陰宅＝お墓（ご先祖さま）を大切にすることです。

風水では実際に住んでいる家を陽宅、死後の家（お墓）を陰宅として、両方の家をよい環境にすることを説いています。

これは古来中国からの伝統的な風水術ですが、残念ながら日本では死者を自由に埋葬できないので一般的ではありません。古来中国は土葬で日本では火葬という文化の違いもあるかもしれません。

しかし、お墓を大切にするということは、ご先祖さまを敬うことにつながり、これこそ陰宅風水の目的なのです。

いつもご先祖さまを大切にしていれば、自分の子孫が困っていれば助けたくなるのが心情ですね。それは現世でも前世でも来世でも変わらないのです。

　お盆やお彼岸で墓参りを欠かさない、お墓の掃除をする、神棚や仏壇をきれいにする、そんなちょっとした心づかいで、ご先祖さまも喜んでくれて、陰宅（お墓）で安心して暮らしていけるのです。

ご先祖さまに好かれることが幸福を引き寄せる第一歩

　陰宅風水は決して目には見えない世界ですが、そうすることで私たち自身の心も穏やかになり、ホッと落ち着くものです。

　よく「お盆やお彼岸には必ずお参りをしなければいけませんか？」と訊かれることがあります。仕事が忙しかったり、体調が優れなかったりして、当日はお参りできないこともあるでしょう。

それでも氣にすることはないのです。自宅からお祈りしたり、故人の写真の前でお参りしたりすることで、ご先祖さまを敬う氣持ちは届くからです。

そして、都合のよい時期を見計らって、改めてお墓参りをすることです。そんな氣配りがあれば、ご先祖さまは決してあなたを見離さず、いつも見守っていてくれて、なにかご褒美をくれることもあるでしょう。

その他の開運法として「尋龍點穴《じんりゅうてんけつ》」、「造生基《ぞうせいき》」という方法があります。この二つは、真の靈能が開いた道教道士や風水師などのみ行うことができる手法ですので、専門家に依頼することをおすすめします。

龍神さまに氣持ちよく召喚してもらう方法

さてここからは、龍神さまを召喚する具体的な方法を紹介していきます。

この儀式においては、東西南北中の五つの方位を守護する龍神さま（五行の龍）をお招きします。
龍というのは、常に龍の姿であらわれるのではなくて、人型にも変身しますので、次のようなお姿になることも覚えておいてください。

東……東方青帝九氣青龍神君
南……南方赤帝三氣赤龍神君
西……西方白帝七氣白龍神君
北……北方黒帝五氣黒龍神君
中央……中方黄帝一氣黄龍神君

五行の龍神さまは、道教の基本中の基本で、すべての災いから自分の身を守るため、つまり「護身」というオールマイティな神さまなのです。

そして、これらの龍神さまを氣持ちよく招くための三か条を紹介しておきましょう。

1. 目印……龍神さまの神號《しんごう》（神の名）を書いた護符などを祀り、お招きすること

2. 供物……大吟醸酒《だいぎんじょうしゅ》、桃、季節の果物、お香などよい香りのする品々、金紙、銀紙を供える

・金紙とは各神様への御礼の神仙界の紙幣

・銀紙とはお墓参りや亡くなった人の命日に燃やす靈界の紙幣

巻末付録をご活用ください。また、市販の色紙でも代用することができます。

3. 祀る場所……方位表から適切な方位を選び、清い水場、安定した場所など

こうして1～3を整えることで、氣持ちよく龍神さまをお迎えすることができるのです。

五行の龍神さまの護符をすべて、定位表から選んで適切な場所に貼るのがよいですが、もし難しい場合には、自分の財布やスマホの裏に、定位表の位置を参考に貼って

ください。このときは方位は関係なく、十字に並んだ位置関係を参考にすることです。

自宅でお祀りする場合の祭壇は、簡易的なものでも高価なものでも大丈夫です。

なぜなら、龍神さまや神様をお迎えするのに、金額の多寡は関係ないからです。

また祭壇でお祀りする場合には、護符の方位は関係なく、常に清潔を保てる場所が絶対条件です。トイレや風呂場、台所など不浄な場所は避けてください。

また供物をお供えする際には、簡易的なものでは紙コップや紙皿を使用しても差し支えあり

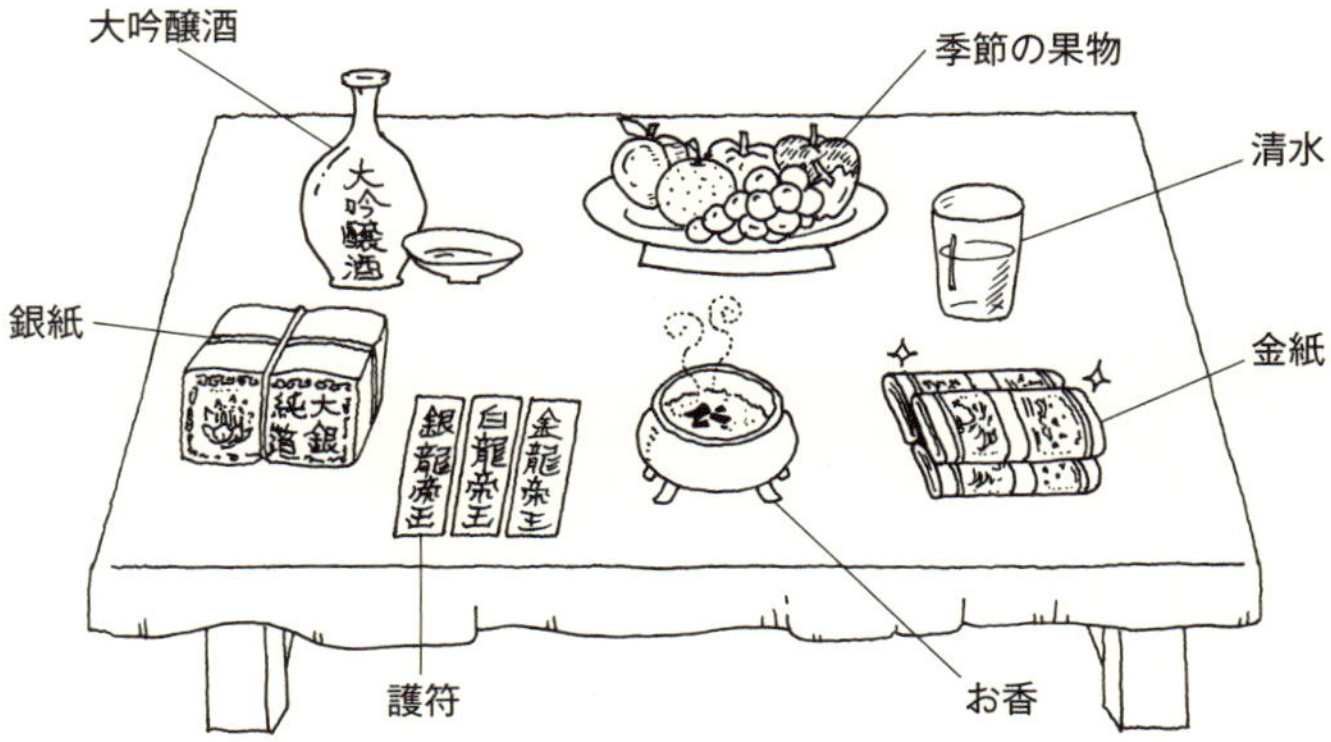

〔実例〕龍神さまを祀る祭壇

ません。
清水については、飲み水なら問題ありませんが、毎日取り換えることが大切です。清水を常に新鮮にしていれば、龍神さまが好んで来訪しやすくなるからです。

龍神さまにもそれぞれ特長がある

すべての龍神さまは、原則として富貴（金運アップ&立身出世）と吉祥（幸福）を象徴していますが、さらに細かく紹介すると、次のような属性とご利益《りやく》が期待できます。

【それぞれの龍神さまの属性とご利益】

青龍《せいりゅう》……季節は春。定着、潤いを象徴し、生産に関する財運のご利益が期待できる
赤龍《せきりゅう》……季節は夏。侵略、護法を象徴し、創造力に関する財運のご利益が期待できる
黄龍《こうりゅう》……光の属性。反射、希望を象徴し、土地や不動産運に関する財運のご利益が期

龍神の定位表

東南		南		西南
	1 緑龍	5 赤龍	6 黄龍	
東	2 青龍	9 （天）金龍 九頭竜（地）	7 白龍	西
	3 銀龍	4 黒龍	8 紫紺龍	
東北		北		西北

五行の龍神族の定位表

		南		
		赤龍神君		
東	青龍神君	黄龍神君	白龍神君	西
		黒龍神君		
		北		

待できる

白龍《はくりゅう》……季節は秋。色氣、エロスを象徴し、宝飾品に関する財運のご利益が期待できる

黒龍《こくりゅう》……季節は冬。闇、破壊を象徴し、水商売に関する財運のご利益が期待できる

緑　龍《りょくりゅう》…風の属性。空氣、氣（エネルギー）を象徴し、ギャンブル運のご利益が期待できる

紫紺龍《しこんりゅう》…維持、安定、栄華を象徴し、宝くじ運が期待できる

銀龍《ぎんりゅう》……勝負、戦、戦利品を総取りすることから権力を得て富貴を象徴し（軍師型）、投資運が期待できる

金龍《きんりゅう》……勝負、戦、戦利品を総取りすることから権力を得て富貴を象徴し（帝王型）、金運、財運、不動産運が期待できる

九頭龍《くずりゅう》…河川、毒を鎮める、妙薬の属性、厄災などを象徴し、掘り出し物を見付ける運が期待できる

このように、龍神さまにも種類があり、それぞれの方位や供物を整えることで、氣

持ちよく召喚することができるのです。
　また人から頼られることが最高の供物になるので、心から、氣持ちよくお迎えすることが大切です。それがひいては、あなたのご利益につながっていくのです。

十体の龍神さま別召喚方法とは？

　前述した十体の龍を祀る際には、「龍神定位表」をもとにして、自宅でできますが、その場合には家全体を東西南北に分けて場所を特定するか、または部屋や玄関を東西南北に分けて場所を特定する二種類の方法があります。

　龍神さまを個人的にお祀りしたいなら、自分の部屋を中心に特定してもよいですし、家全体でお祀りしたいなら、家の中心から特定して、目的別に選択した護符を適切な場所に貼ってください。

お祀りする時間帯は太陽が出ているときがよいでしょう。龍神さまは雨を好まれるので、たとえ土砂降りの天候でも問題ありません。

またお祀りする期間は、三日間から六日間、九日間、十八日間、三十六日間、七十二日間、百八日間のいずれかになります。

特におすすめの日にちはないので、前述したように太陽が出ている時間や雨の降っているときなら大丈夫です。

お祀りする際に唱える咒文は、次のようになります。

「○○帝王《ていおう》　富貴《ふうき》吉祥《きっしょう》　萬事《ばんじ》如意《にょい》　速降臨《そくこうりん》　神兵《しんぺい》神将《しんしょう》火急《かきゅう》如律令《にょりつれい》」

○○の部分をその都度、各龍に変えればよいのです。

例えば「金龍」なら
「金龍帝王　富貴吉祥　萬事如意　速降臨　神兵神将火急如律令」
となります。
その他、銀龍、赤龍、青龍、黄龍、黒龍、白龍、緑龍、紫紺龍、九頭龍についても同様です。

龍神さまに願いをかなえていただくには？

さて龍神さまを召喚した後、願いをかなえるためにはどうすればよいのでしょうか？　具体的なお付き合いの仕方を紹介していきましょう。

龍神さまにお願いして、そのご利益に期待できるようになるには、いろいろ準備が必要になります。

龍神さまはあなたのもとにやってきても、一朝一夕には、願いを聞いてくれることはありません。

いちばん大切なのは、誠心誠意準備を整えて、心を込めてお願いすることで、それがご利益を期待できる道につながるのです。

大前提として、願望成就の前と願望成就後にも、龍神さまが好む大吟醸酒、桃、よい香りの御香をお供えします。

そうして、まずは神さまに対して自己紹介をします。

自分の住所、氏名、年齢、生年月日、干支を声に出しますが、住所は具体的に番地まで述べると、神さまには理解しやすいです。

次は、神さまを讃える文句を述べて、神さまに氣持ちよく願いを聞いていただける環境づくりをします。

そうして、いちばん大事な自分の願いごとをして、最後はお礼の言葉を付け加えておきます。


では、実際にはどのような文言になるのか紹介しましょう。

「私は、東京都新宿区○○町1丁目1番地に住んでいるAと申します。天にまします偉大な神さまにお願い致します。自分の営業成績が上がって会社が儲かり、給与もアップされるようになるために、神さまのお力添えをいただけますように。
本日はわざわざおいでくださいまして、誠にありがとうございました。」

このように、自己紹介→神さまを讃える→お願いごとの内容→最後の御礼という順番で、進めていくのがよいでしょう。
神さまを崇め奉る際、具体的にこちらの要望と御礼の条件などがハッキリしないと、神さまも一体どうしていいかわからないのです。
したがって、事前に自分から真摯に願望と御礼の条件などをハッキリ申し上げて、人事を尽くすのが、本来の礼儀なのです。

龍神さまとの参拝（接触）を増やすことで、より多くのお力をお借りできて、心身は鍛えられますし、新たな夢や願望などに向けて精進することができるのです。

いつもよりも努力をするように心掛ける

参拝を済ませたら、次は目標に到達するためのいろいろな準備をしなければなりません。

この準備こそが、願望成就を最大限まで高めて、増大させるポイントとなります。準備が不十分だと、願掛けしても少ない効果しか得られない場合もあります。準備万端なら百、千、万の効果が期待できるからです。

しかしそれには、天・地・人（天の時＝神々の加護、地の理＝土地の靈力、人の和＝陰徳を積む）でいうところの人の行動力、努力の度合いが鍵となります。

あらゆるスポーツでも芸術の世界でも、強い思いで一生懸命に取り組む人とそうでない人では、たとえ同じメニューを消化しても、結果が雲泥の差であることは、火を見るよりも明らかです。

十体の龍神さまはチームワークが抜群

龍神さまにはいろいろなタイプがあり、ご利益にもそれぞれ違いがあるとは前述しましたが、龍神さま同士はチームワークがよく、それぞれの役目を相乗効果で高めて、人々の願いや期待に応えてくれるのです。

例えば、Ａさんが黒龍さまにお願いすると、他の緑、赤、黄、白の龍神さまはサポート役となって、お願いの対象になった黒龍さまを支えてくださるのです。

これこそ、龍神さまの素晴らしさといえるでしょう。

巻末付録にそれぞれに対応した護符がありますので、切り取ってご利用ください。

二十八宿の星座にまつわる神さまたち

さて天の赤道を二十八に分けて、古くは中国の天文学や占星術で用いられた「二十八宿」というものがあります。

二十八宿とは、月が地球を一周する間に通過する、二十八の星座のことを指しています。もとは天文学的に、月の位置から太陽の位置を推定するためのものでしたが、やがて、暦など占星術の吉凶判断に用いられるようになりました。

また、二十八宿は四つの方位を七つずつに分けられ、それぞれに次のような星神が存在します。

これは実は、天文学や占星術以外に京劇に登場したり、護符や神仙界の「二十八宿神将」という名で眷属としての役割があったりします。

二十八宿神将

・東方心狐星君、東方尾虎星君、東方箕豹星君、北方鬪海星君。
・東方角蛟星君、東方亢龍星君、東方氐貉星君、東方房兔星君。
・北方牛牛星君、北方女蝠星君、北方虛鼠星君、北方危燕星君。
・北方室豬星君、北方壁貐星君、西方奎狼星君、西方婁狗星君。

・西方胃雉星君、西方昴雞星君、西方畢烏星君、西方觜猴星君。
・西方參猿星君、南方井犴星君、南方鬼羊星君、南方柳獐星君。
・南方星馬星君、南方張鹿星君、南方翼蛇星君、南方軫蚓星君。

二十八宿を守る四神獣《ししんじゅう》の護符と祝詞

さらに、その守護神として四神獣が存在して、天の四方向のうち東を青龍、南を朱《す》雀《ざく》、西を白虎《びゃっこ》、北を玄武《げんぶ》が守っているとされているのです。それが方位と二十八宿をあらわす図です。

実際に、奈良県の高松塚古墳やキトラ古墳の内部の天井には、この二十八宿の星座

と四神獣が描かれています。

東西南北、それぞれに七枚ずつの護符「七宿護符《しちしゅくごふ》」があります。

具体的なご祈願の仕方は、まずは自分の願望に合う護符を両手に挟み、手を合わせて、その護符に適した東西南北の各方位に向きます。

そして、祝詞《のりと》を一度唱えて口から息を一度「フッ」と吐き、護符に息を吹きかければ完了です。

その際に唱える祝詞は、次のような内容です。

「〇〇七宿《しちしゅく》　速降臨《そくこうりん》　神兵神将《しんぺいしんしょう》火《か》急如律令《きゅうにょりつれい》」

※〇〇には東方、西方、南方、北方が入りますが、その他はすべて同じです。

巻末に付録として付けた東方から南方までの二十八枚の護符のご利益は次のとおりで、私がすべての護符に護身と吉祥富貴（幸福、繁栄、お金、地位や身分の向上）のご祈願をしています。

東方《とうほう》七宿《しちしゅく》護符《ごふ》

・角宿符《かくしゅくふ》……ペットが落ち着く
・亢宿符《こうしゅくふ》……成仏できない霊の霊障を抑える
・氐宿符《ていしゅくふ》……他人のねたみ、ひがみを解消する
・房宿符《ぼうしゅくふ》……女性の対人関係の解消する
・心宿符《しんしゅくふ》……夫婦の不仲を解消する
・尾宿符《びしゅくふ》……男女の放蕩《ほうとう》を解消する
・箕宿符《きしゅくふ》……健康長寿を目指す

北方《ほっぽう》七宿《しちしゅく》護符《ごふ》

・斗宿符《としゅくふ》……身を護る御守り
・牛宿符《ぎゅうしゅくふ》……流行りの病除け
・女宿符《じょしゅくふ》……不運を除き幸運を呼ぶ
・虚宿符《きょしゅくふ》……あらゆるトラブルから命を守る

・危《き》宿《しゅく》符《ふ》……あらゆるトラブルから解放される
・室《しつ》宿《しゅく》符《ふ》……男女の長年続く不運を解消する
・壁《へき》宿《しゅく》符《ふ》……ポルターガイスト現象を鎮める

西方七宿《せいほうしちしゅく》護符《ごふ》

・奎《けい》宿《しゅく》符《ふ》……使用人との人間関係をよくする
・婁《ろう》宿《しゅく》符《ふ》……木を切る際の木の精靈に手向ける
・胃《い》宿《しゅく》符《ふ》……狐の靈魂を静める
・昴《ぼう》宿《しゅく》符《ふ》……水難事故から身を守る
・畢《ひつ》宿《しゅく》符《ふ》……山に登る際の御守り
・觜《し》宿《しゅく》符《ふ》……墓参りや先祖供養の際に手向ける
・參《しん》宿《しゅく》符《ふ》……炊飯器に貼って金運を上げる

南方七宿《なんぽうしちしゅく》護符《ごふ》

・井《せい》宿《しゅく》符《ふ》……腎臓系の病氣を予防する

・鬼宿符《きしゅくふ》……山の精靈の祟りを鎮める
・柳宿符《りゅうしゅくふ》……登山の際に山で起こるトラブルから守る
・星宿符《せいしゅくふ》……家畜を病氣から守る
・張宿符《ちょうしゅくふ》……癲癇《てんかん》を抑える
・翼宿符《よくしゅくふ》……家畜の事故を防ぐ
・軫宿符《しんしゅくふ》……他人の邪念、呪詛《じゅそ》を解く

第3章
本物の龍神さまに会える神社

さあ龍神さまに会いに行こう

日本全国には、龍神さまが鎮座される神社がありますが、中でもパワースポットとして効力のあるところを紹介しておきましょう。

その前に、龍神さまを呼ぶための参拝方法を説明しておきます。

まず、神社の鳥居をくぐる際に一礼をします。そうして、参道の右側を歩きます。これは参道の真ん中は神さまの通り道なので、片側を歩くようにするということです。

さらに内側に鳥居や門があるときにも一礼して、入ります。

このとき、鳥居や門の中は混雑しているので、外側から境内に入ろうとする人がいますが、そこは外道（道から外れたところ）なので、これではご利益を期待できません。

そして、参拝は日本式の二礼二拍手一礼とは異なり、三礼三拍手一礼になります。
三回というのは、「天・人・地」の三方にお参りするという意味なのです。
帰りの参道もまた片側、今度は左側を歩きます。

日頃から行っている参拝形式とは少し違うかもしれませんが、これが龍神さまを呼ぶための参拝方法なので、よく覚えておいてください。

埼玉・氷川神社

埼玉県さいたま市大宮区高鼻町１－４０７

氷川女体神社

埼玉県さいたま市緑区宮本２丁目１７－１

中山神社

埼玉県さいたま市見沼区中川１４５－６５

埼玉・氷川神社は、東京都と埼玉県近辺に約二百社ある氷川神社の総本社で、他の氷川神社と区別する際は「大宮氷川神社」とか、武蔵国の中で最も社格の高いとされる神社として「武蔵国一之宮」とも呼ばれています。

富士山と筑波山を結んだ線と、浅間山と冬至の日の出を結んだ線の交差地点に位置して、大宮の氷川神社、中川の中氷川神社（現中山神社）、三室の氷川女体神社が浅間山と冬至の日の出の線上に一直線に並ぶことから、この三社が男体社・女体社・簸《ひ》王子社《おうじしゃ》として一体の氷川神社を形成していたという言い伝えもあります。

氷川神社は別名「男体社」と呼ばれ、主祭神は「須佐之男命」で夫、氷川女体神社は「女体社」で、主祭神は「奇稲田姫命《くしなだひめのみこと》」で妻、中山神社（中氷川神社）は「氷王子社」（簸王子社）で、主祭神は「大己貴命《おおなむちのみこと》」で子（孫）をあらわしていました。

太陽は夏至に西北西の氷川神社に沈み、冬至には東南東の氷川女体神社から昇るとされ、稲作に重要な暦の役割も果たしていました。

氷川神社

氷川女体神社

中山神社

この三社に挟まれた見沼を神池「御沼」として祀り、神聖なる龍神さまが棲むと伝えられてきました。

氷川女体神社には、奇稲田姫命の伝承から「蓮を作ってはいけない」「片目の魚が棲む池」といわれていて、また中山神社（中氷川神社）にも、かつてこの地が氷に覆われていて、鎮火祭の火によって「中氷川」の氷が溶けて大地となったことから、三社に共通する龍神伝説があり、現在では「パワースポット」とも呼ばれているのです。

埼玉・秩父今宮神社（八大龍王）　埼玉県秩父市中町16－10

古来より靈泉の地として、伊邪那岐大神《いざなぎのおおかみ》と伊邪《いざ》那美大神《なみのおおかみ》が祀られていたところで、大宝年間に、役《えんの》小角《おづの》が神仏混淆《しんぶつこんこう》の考えに基づいて八大龍王を祀る「八大宮」を建立したのが始まりとされています。

鳥居の右手には、大きな木の幹にできた祠《ほこら》に龍上観音の像が祀られていて、観音様が「富貴吉《ふうききっ》祥《しょう》」のシンボルである龍神に乗り、財運や出世運を呼び込んでくれるといわれています。

敷地内には、秩父最古の泉「龍神池」と、推定樹齢千年以上の大欅《だいけやき》「龍神木」があり、靈場とし

ても有名な秩父エリアでも、風水の力が最強の地といわれています。

樹洞《じゅどう》の中には八大龍王が、靈池には弁才天（弁財天）が祀られています。

龍神さまが祀られるには、三つの条件が必要だといわれています。

まずは靈山（武甲山）があること。

二つめは近くに岩洞または樹洞、要するに洞があること。今宮神社には大欅の樹洞があります。

三つめは当然湧き水があり、昔から人間が住んでいた所とありますが、今宮神社の場合には、イザナギ・イザナミの命が祀られていました。

この三つの条件を兼ね備えていましたので、八大龍王のような神格の高い龍神さまが祀られて、パワースポットとしても有名になったといわれています。

東京・目黒不動尊（瀧泉寺）　東京都目黒区下目黒3－20－26

不動明王を本尊とする天台宗の寺院で、関東最古の不動靈場として、熊本の木原不動尊、千葉の成田不動尊と並んで、日本三大不動のひとつにあげられます。

また「江戸三大不動」「江戸五色不動」のひとつとしても有名です。

そんなことから、二宮尊徳は報徳《ほうとく》仕法《しほう》の成功を祈誓し、西郷隆盛は主君島津斉彬《なりあきら》公の当病平癒のために日参し、そして東郷元帥は日本海海戦の勝利を立願したといわれています。

目黒不動尊は正式名が「瀧泉寺」とされている

ように、龍神と関係の深いお寺です。

境内には「独鈷《どっこ》の滝」がありますが、これは開祖の慈覚大師《じかくだいし》、円仁《えんにん》が唐の青龍寺に清らかな滝があったのを思い出し、試しに独鈷（煩悩を砕く仏具）を投げたところ、たちまち泉が湧き出て滝になったと伝えられています。

この独鈷の滝では、銅製の龍口から水が注ぎ落ちていますが、鯉が滝を昇って龍になったという「登竜門」の故事にあるように、龍と滝には大きな関係があるのです。

また風水では氣の流れは「龍脈」とされますが、江戸の鬼門のラインに沿って裏鬼門《うらきもん》を守る目黒不動尊は、この龍脈の上にあるとされています。

だからこそこの独鈷の滝では、龍神のパワーを十分に感じることができるのかもしれません。

東京・田無神社

東京都西東京市田無町３－７－４

創立は正応年間（十三世紀）で、尉殿大権現《じょうどのだいごんげん》と呼ばれて、ご祭神は龍神さまです。

一八七二年（明治五年）に熊野神社、八幡神社を合祀し、田無神社と社名を改め、その際に、主祭神として大《おお》国主命《くにぬしのみこと》、さらに須佐之男命、猿田彦命《さるたひこのみこと》、八街比古命《やちまたひこのみこと》、八街比売命《やちまたひめのみこと》、日本武尊命《やまとたけるのみこと》、大鳥大神《おおとりおおがみ》、応神天皇《おうじんてんのう》を祀って、現在に至っています。

もともと金龍神として顕現されている尉殿大権現《じょうどのだいごんげん》は、すべての命の源である水と、よろずの災いを祓う神を司る豊饒と除災の守護神とされています。

神社には五行思想《ごぎょうしそう》（宇宙は木火土金水の五つの要素

で構成されている）に基づいて、五龍神が祀られています。

中心の本殿に金龍神、東方を青龍神、南方を赤龍神、西方を白龍神、北方を黒龍神が御守護されています。

また、境内にある大きな銀杏の木は、それぞれの龍神さまの御神木として多くの人々に親しまれ、パワースポットとしても有名です。

東京・品川荏原神社

東京都品川区北品川2－30－28

荏原神社は七〇九年（和銅二年）に、奈良の元官幣大社である丹生川上神社より高龍神（龍神）を勧請し、一〇二九年（長元二年）に神明宮、さらに一二四七年（宝治元年）に京都八坂神社より牛頭《こず》天王《てんのう》を勧請し、古より品川の龍神さまとして、源氏、徳川、上杉など、多くの武家の信仰を受けて現在に至っています。

向拝は二段に分かれていますが、龍の彫刻があり、上段の龍は下方を、下段の龍は上方を見つめています。

また拝殿の屋根を見上げると、屋根から龍が顔

をのぞかせています。

これが社殿の屋根の両脇にいる二頭の龍神さまですが、神社の屋根から顔を出しているのは、めずらしいのです。

龍は雨の神さまで、祈雨・止雨などを司るとされていて、農業の神さまと崇められ、古くから「品川の龍神さま」として親しまれています。

埼玉・三峯神社

埼玉県秩父市三峰２９８－１

秩父神社・宝登山《ほどさん》神社とともに秩父三社の一社で、拝殿の手前には珍しい三ツ《みつ》鳥居《とりい》があります。狼を守護神として、狛犬の代わりに神社各所に狼の像が鎮座しています。

由緒は古く、日本武尊が東国に遣わされた際に、その昔伊弉諾尊《いざなぎのみこと》と伊弉《いざ》冊尊《なみのみこと》が日本を創生されたことを偲ばれて、その二神を当地に祀られたのが始まりです。

奥秩父の深く険しい山の中にあるの

で、自然の〝氣〟が満ち溢れる関東最強のパワースポットとしても有名です。

聞くところによると、二〇一二年、ここで辰年に突然「龍神さま」が出現したといわれています。

その大きさは全長五十センチほどで、赤い目と細長く伸びた顔は、まさに龍そのものです。

龍神さまがいる場所は、本殿の左側にある石畳の一角ですが、乾いていると、龍の姿が見えづらいので、よく見えるようにするため、常に水がかけられるように、お水と柄杓《ひしゃく》が置いてあります。

柄杓とお水を見つけたら、すぐ下に龍神さまが見つかりますが、人によっては、なかなか見つからないこともあるようです。

いずれにしても、一度は参拝してみる価値は大いにあります。

奈良・室生《むろう》龍《りゅう》穴《けつ》神社

奈良県宇陀市室生1297

宇陀市の女人高野「室生寺」の奥に鎮座して、水の神「龍神」さまを祀っています。

主祭神は高龗神《たかおかみのかみ》ですが、拝殿には「善女龍《ぜんにょりゅう》王《おう》社」とあり、これは弘法大師が神仙苑に雨乞いを行った際に現れた龍王で、その形像は、雲に乗る竜神の背に立つ唐の官人の姿に描かれ、その左手には宝珠を盛った鉢を持っています。

これは龍そのものではなく、龍を統べる女神なのですが、いずれにしても、祈雨の神とされています。

奈良時代から平安時代にかけて、朝廷からの勅使により雨乞いの神事が営まれ、室生寺は龍穴神社の神宮寺であったとされています。

神さびた境内地のさらに奥には、巨大な岩山の洞穴に龍神が棲むとされる「吉祥龍穴」があり、古代から神聖な「磐境《いわさか》」（神の坐す、神域の境界を示すもの）とされてきました。

室生では、「九穴八海」という伝説が伝えられ、九穴とは、三つの龍穴と六つの岩屋をいう。また、八海とは、五つの渕と三つの池をさしています。

古くから龍と龍穴に深くつながった神社では、とてつもない龍神さまのパワーが感じられることでしょう。

奈良十津川・玉置《たまき》神社

奈良県吉野郡十津川村玉置1番地

大峰山脈の南端に位置する標高一〇七六メートルの玉置山の山頂近くに鎮座して、神武《じんむ》天皇《てんのう》が東征した際の途上として伝承されています。

創立は紀元前三十七年第十代崇神天皇《すじんてんのう》の時代に、王城火防鎮護と悪魔退散のため早玉神を奉祀したことに始まると伝えられています。

古くより熊野から吉野に至る熊野、大峰修験の行場のひとつとされ、平安時代には神仏混淆となり、「玉置三所権現」または「熊野三山の奥院」と称せられ、靈場として栄えました。

境内には樹齢三千年といわれる神代杉を始め、

天然記念物に指定されている杉の巨樹が叢生し、平成十六年には「紀伊山地の霊場と参詣道」として世界遺産に登録されました。

八《や》咫烏《たがらす》が、山深い吉野の山中を神武天皇の道案内に立ったという言い伝えがあり、古くから「修験道の開祖」役の行者や弘法大師、天台宗の智証大師《ちしょうだいし》もこの地で修行されたのです。

現在でも、世界遺産である大峯奥駈道《おおみねおくがけみち》の「修験道の聖地」十番目の行場として、行者の往来も盛んで、スピリチュアルで最強のパワースポットとして有名なのです。

大地創造のエネルギーが詰まっているとされ、最高の癒しと心の安らぎをもとめて全国から数多くの人が参拝に訪れます。

大峯奥駈道は、熊野大社に続いていて、その先には「龍神村」があります。

これは、神々の通り道とされていて、吉野から熊野に続く山並みが、龍の背のように見えるので、その名が付いたともいわれているそうです。

これこそまさに、龍神さまの最強スポットたる所以なのです。

第4章

［龍神通信］
龍神さまとの神聖な対話、
そして人間界への啓示

実際に我々が体感した龍神さまのストーリー

私は道教の風水道士になって十年以上経ちますが、その間、不思議な体験をしたり、見えないものが見えたりすることが多くなりました。

そして、それらの出来事すべてに、なんらかの意味のあるということもわかってきたのです。つまり、神さまや龍神さまからの啓示といってもいいでしょう。

つまり私を龍神さまや神さまと人間界の仲介者として、それぞれの意思を人間に伝えてほしいということなのです。

そうでないと、このままでは三年ほどで現世（全世界＝全宇宙）が滅亡の方向に進んでいく怖れがあるからです。

龍神さまや神さまは人間界の強い味方になってくれますが、いったんその期待を裏切ると、この世が滅んでしまうほどの激しい怒りがもたらされます。

だからこそ龍神さまや神さまのご意思を尊重して、人間界に伝えて理解しなければならないのです。

そこで、いくつかの実例をあげて紹介していきます。

二〇一四年五月四日、スカイツリーの上で、母と妹と食事をしていて「天災が止まらないことはとても残念だね。神々さまも嘆いているんだよ」と、もっともらしい話をしていると突然、不氣味な虹があらわれました！

不氣味な虹に氣づいた人たちは、一斉にスマホで写真撮影しますが、虹を見た私はなんともいえない底知れぬ嫌な予感がしたのです。

「すぐになにかが起こる」と。

そしてこれは、翌日に起きた首都直下型地震で証明されることになります。

翌五月五日、五時十六分、地震発生。このときの地震は、私見では八百万《やおろず》の神々からの嘆きであったのです。

同じく五月十三日に、三峯神社に呼ばれて、國常立尊（以下クニトコタチノミコト）の声を聴くことになります。

クニトコタチノミコトは、日本神話に登場する神で、『日本書紀』の本文では、天《てん》地《ち》開闢《かいびゃく》の際に出現し、最初にあらわれた神としています。

五月五日の地震といい、東日本大震災以降、鹿島神宮のズレてしまったという要石《かなめいし》（地震除けの石）を、弁財天さまの依頼により結界を張り直しに向かったときと同じく、なにかとんでもないことが、これから起きるのではないかと思いつつも、三峯神社に向かいました。

三峯神社（写真上）からは徒歩一時間ほど

山を登ると、クニトコタチノミコトの社の前で、力強い声で、「復活したい!!……手伝ってくれ!!……」と確かに聞こえたのです。

内心「また面倒なことに巻き込まれる」という予感を感じていました。このときは数カ月後に、自動書記（お筆先）を得意とする正統派犬神継承者と、出会うことになるとは思いもよりませんでした。

この日の天候は快晴でしたが、途中雲が出てきて、龍のような鳳凰のような狛犬の

三峯神社の奥宮

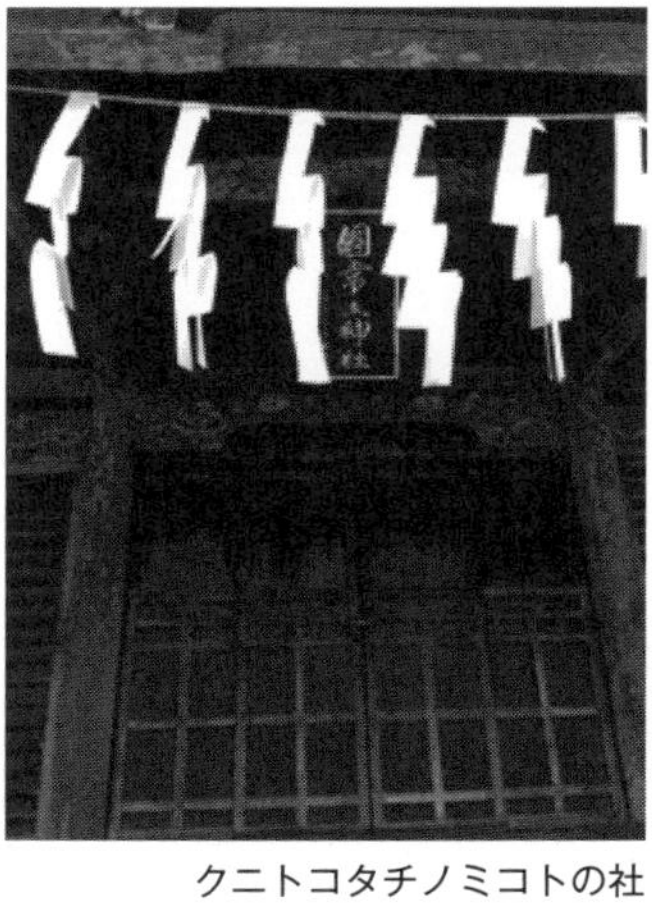

クニトコタチノミコトの社

ような形をかたどり素晴らしい美しさでした。

帰りのレッドアロー号の車内から、龍の尾の片鱗のような大きな雲が長い間見えたのをはっきりと覚えています。

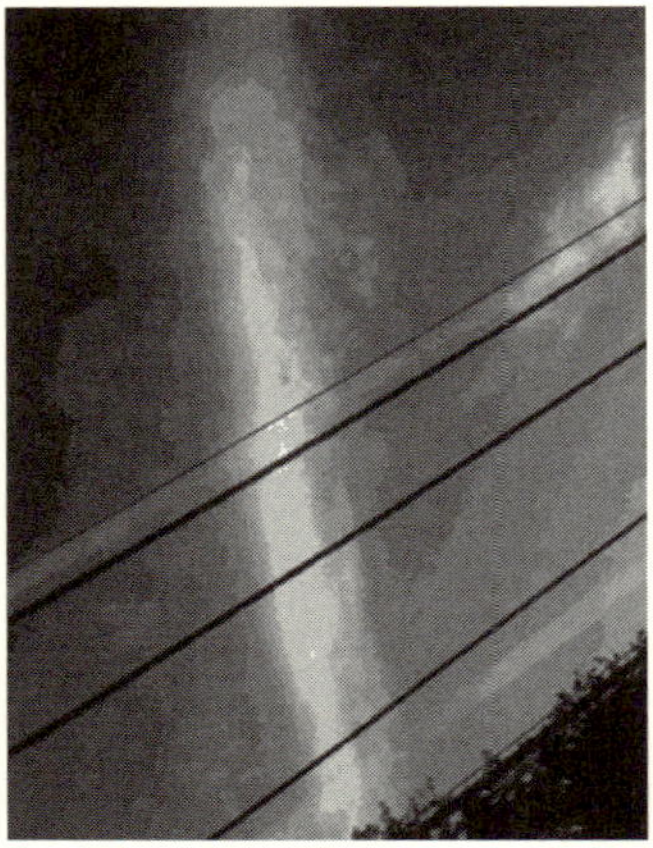

龍はコノハナサクヤヒメの遣いだった

同年五月十八日に、静岡で木花咲耶姫（以下コノハナサクヤヒメ）と富士山噴火を阻止するための掛け合いをすることになりました。

コノハナサクヤヒメは、日本神話に登場する女神で、天照大神《あまてらすおおみかみ》の孫である瓊瓊杵《にぎぎのみ》尊《こと》の妻とされています。

私の父の代からお世話になっているTさんという女性の紹介で、風水鑑定に同行することになったのです。Tさん曰く、不成仏靈がいるので除靈を手伝ってくれないかという話で、依頼者の自宅を訪れたのです。

その家の居間には、コノハナサクヤヒメの掛け軸が祀られてあったのです。

するとTさんが目をつむりながら、突然こういい始めました。

「お兄ちゃん!!　着物を着た人がそこに立っていて、なにかお兄ちゃんに向かってしゃべっているよ」というのです。

Tさんが目をつむるということは、靈視している状態なのです。もともと靈媒体質のTさんは亡くなった人の靈、神仏、精靈とも会話ができるのです。

私が「えっ⁉　誰ですか？　なんといっているのですか？」と尋ねると、Tさんは「我の……遣いである……龍……が……暴れ狂い、制御が利かず……水が穢されたから……やむなく貴方に狛犬を遣わした。先日の地震がそれである‼」

と答えてくれました。

さらに私が「なるほど、一連の五月五日の首都直下地震から五月十三日の三峯神社と、本日がすべて関連していたのかもしれないですね」と続けました。

すると「人間が自然を破壊したから、我らの遣いである龍が暴れ、本来地鎮などの結界の役目ができず仕方なく、狛犬を遣わしたのだ。地震は自然破壊をする人々にもの申したかったため」というコノハナサクヤヒメの返答があったのです。

よく事情を聞くと、なんとも可哀想で、自然破壊を繰り返しているのは、生物界において愚かな人間だけなのです。

私は人間として生きてきた自分の姿を想像すると、突然恥ずかしくなったのです。そして、「なるほど、事情はわかりました。私たちにできることは手伝います」と伝えました。

コノハナサクヤヒメは、「ただちに母なる大地を、自然を穢す愚かな行為を止めないと……我の弟にあたる富士山、阿蘇山、浅間山が火を噴くであろう!!　我の弟たちは氣性が荒いぞ!!」といわれました。

私は「ではまず、その暴れ狂う龍たちを捕まえて、お返ししましょう」とお約束したのです。

荒れ狂う龍こそ神さまの怒りだった

私は道教の咒文を唱えて、ミクロコスモス（小宇宙意識、顕在意識、自分）とマクロコスモス（大宇宙意識、潜在意識、十八代玉帝の御心）が合一するイメージをしました。

霊的ビジョンでは「遥か彼方に暴れ狂う龍の大群を見つける。そしてそれらの大群を、白龍に扮して私が〝十八代玉帝五雷令碑《じゅうはちだいぎょくていごらいれいひ》〟を見せてなだめるのである。白龍という属性は、龍神の中では最速の移動速度を誇るため、他の龍を捕まえるのにさほど難しくない」のです。

龍は、億千万匹に相当する数であったでしょうか？

十八代玉帝（闕聖玉皇閣下）の御力を拝借すると、この神さまは現在の道教の実質的最高神で宇宙を掌握する神であり、〝無極大赤天宮《むきょくだいせきてんぐう》、中天凌霄寶殿《ちゅうてんりょうしょうほうでん》、玉皇殿《ぎょくこうでん》に住まい　紫微垣火之正氣《しびえんひのせいき》を象徴する〟ため、すべての尺度が億千万倍以上に増幅するのです。

したがって、私ひとりの人間のちっぽけなエネルギーでも、たちどころに巨大化するのです。

そうして、どれだけの数の暴れ狂う龍であろうが、なだめることができるのです。

すると、コノハナサクヤヒメが「我の龍たちが帰ってきたぞ！　龍の住処である浜岡の海も浄化してくれ」というので、遠隔で金紙（神仙界の紙幣）を燃やしながら、浄化の咒文を唱えました。

私は、「とりあえず暴れ狂う龍はお返ししました。龍の住処である海も、浄化の祝詞を唱えました。ですので、富士山の噴火は止めていただきたい」とお願いします。

するとコノハナサクヤヒメは「当面、富士は火を噴かんようにしよう。他で噴くとする」としてくれたのです。

私は続けてお願いをしました。「今回、龍をなだめてお返ししたのだから、もしよければ一匹貸していただけませんか？　二週間後に北海道の山の上で、神事を執り行うため龍が一匹必要なのです」

コノハナサクヤヒメは「よかろう。龍を一匹遣わそう。そして我もついていく」といってくれたのです。

二〇一四年六月三日、北海道尋龍點穴《じんりゅうてんけつ》、紫の龍の咆哮《ほうこう》

同年六月三日、北海道は九十年ぶりの異常氣象に見舞われました。

当日、北海道で観測史上初めて三十七・八度という猛烈な暑さを観測し、あまりの暑さから火災報知機などが誤作動を起こし、まともに野外で活動ができないほどの状態になったようです。

今回の最高氣温は九十年ぶりの記録更新で、六月三日は北海道の十七地点で三十五度を超える猛暑日となりました。

その内の十二地点では観測史上一位を更新しており、かつてないほどの異常な温度だといえるでしょう。

まさか北海道が、九州や沖縄レベルの氣温になるとは思いませんでした。

世界では記録的な大洪水や大雨が多発していますし、地球全体で異常氣象が加速しているような感じがします。

やはり二〇一二年に、太陽で大規模な地場転換が発生したのがキッカケなのでしょうか。

太陽の活動が急低下してから、地球上でも今までにないほどの頻度で、異常な氣象災害が連発しています。

今後も数十年単位でこのような状況が続くと予想されているので、今後も地球に住んでいる限りは、記録的な災害に覚悟が必要なのです。

紫の龍が雪を溶かしてくれた

コノハナサクヤヒメは約束どおり「龍を一匹遣わしたぞ。現場経験のない紫の龍ゆえ、火の氣を使い雪山の雪をすべて溶かしておいたぞ」といわれました。

こうしてありがたく紫の龍を派遣していただいた我々は、なんの苦労もすることなく山の頂上に登ることができたのです。

現場経験がないとはいえ、さすがはおそるべし龍神の力である。

そして山に穴を掘り、龍の好物である大吟醸を撒き、金紙、各種寶物をありったけ埋めて、咒文を唱えました。すると、審神者《さにわ》役のTさんが、

「あっ！　なんか蛇のようなニョロニョロした、大小さまざまな龍が穴に入っていくよ‼　物凄い数だよ‼　だれか金色の御衣装をきた人が『本日の神事により、この土地の土はとても強大な力が宿っている。我の社が近くにある。そこにある二色の袋に納めて持てば、こたびの復活の儀の御礼に、我より富貴の象徴である龍を遣わすぞ』っていっている」

「復活って⁉　どちらさんのですか？」と私が訊くと、

「クニトコタチノミコトと名乗っている。とても高貴な御衣装を着ている」

と答えてくれました。

それは見方によっては、龍にも鳳凰にも見えて（写真上）、神事の後の清らかな空はとにかく美しかったのです。

二〇一四年七月二十四日、女犬神使いがあらわれる!!

この日、知人より〝種子島に残る正統派犬神使いの末裔〟という女性を紹介されることになります。

その名をＢｅＢｅさんといって、のちに紹介されるＡｙａさんと姉妹で、マレーシアで玄空飛星派風水（フライングスター）を学んだ方でした。

私と会うなり、「なぜあなたに、狛犬が憑いているの？」

さらに「なぜ、そんなに大量の血を被っているの？」といってきました。

最初は悪い冗談かと思い、相手にしなかったのですが、よくよく考えてみると、私にはそういわれる心当たりがあったのです。

それは、過去世にヤマタノオロチのような、顔が八つある怪物を退治したらしいのです。

自分でも信じ難かったのですが、こうしていろいろな人に指摘されてみると、どうやら確かな情報らしいのです。

三体の神さまからの初めての神託降ろし

ＢｅＢｅさんが神道家による非公式の集いに参加したときのこと、その主催者から、

「今、世の中が荒れておる、お伺い立ててくれんか？」と依頼され、神託を降ろすこ

とになったというのです。

すると、今までに見たことのない長さの〝お告げ〟が降りてきたそうです。

信じられないことに、そのお告げに記された宛名が「鮑義忠殿」となっていたそうです。最後には「國常立尊（クニトコタチノミコト）」と印されていたのです。

その集いの主催者は「どうやら我々が理解できないだけで、なにかその者（鮑義忠）が関係しているようである。したがってこの神託はその者に渡すべきである」という異例の判断を下されたそうです。

そんな不思議な縁もあり、「機会があれば、私の自動書記（お筆先）をしてみたい」といわれていたので、その流れで、夜中の神社にお連れして、神託を降ろす運びとなったのです。

そうすると私宛に、十八代玉帝闕聖玉皇閣下、北極玄天上帝《ほっきょくげんてんじょうてい》（北極星の神格化）、國常立尊（クニトコタチノミコト）などから神託が降りてきたのです。

二〇一四年六月十八日、都内某神社にて、審神者《さにわ》Ａｙａ

二〇一五年六月十九日〇〇神社にて、

十八代玉帝閣下、北極真武大帝、國常立尊からの神託（写真左）

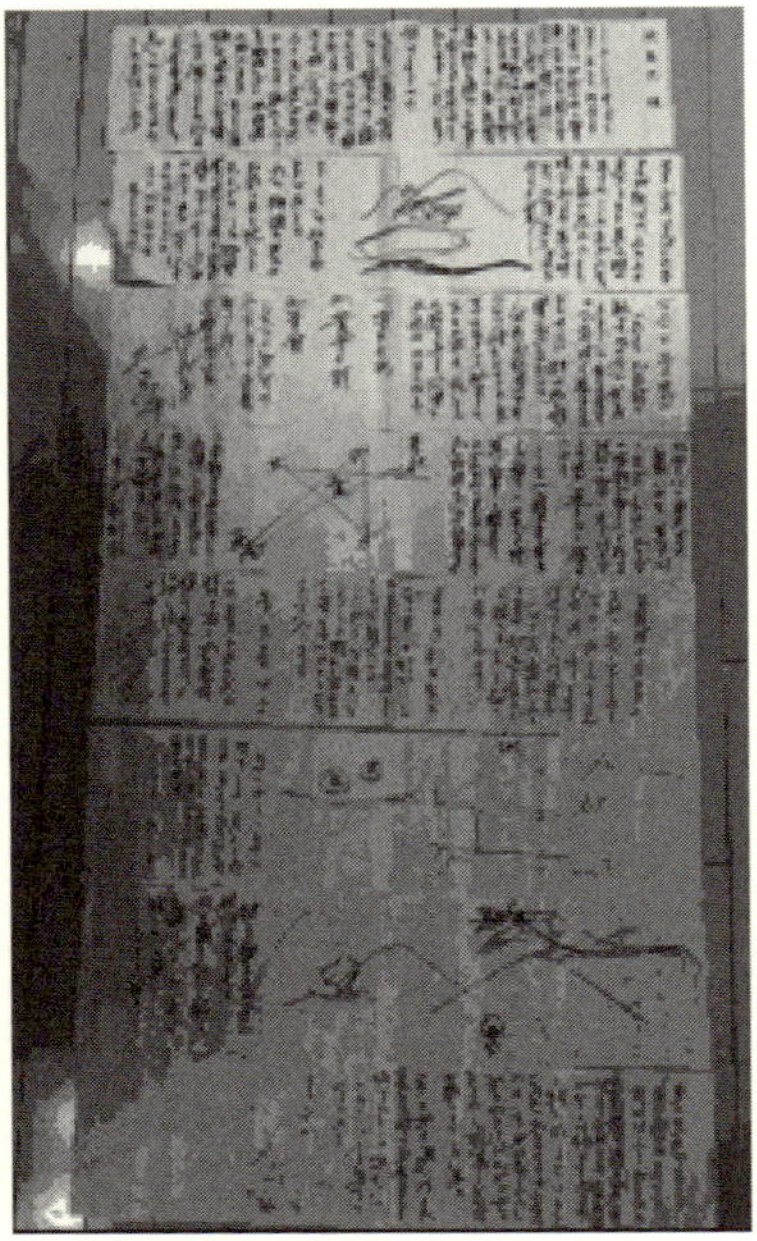

「よくお参りなさいました。実は、あなたを見込んでここに来てもらったのですよ。（志が確かである、選ばれしものに神託を下す）この現代、地中の奥深くに大きな穴が空いてしまっています（文字どおり、地球の奥深い場所という意味合いと、人々の常識や意識の根底という意味合いを兼ねていると思われる。地底深くの地殻のひずみによって起こる、地震などの天災発生や、人間の都合で建設工事を重ねることによる自然破壊などによって発生する災害という意味。同時に、人の誠心、信仰心などが薄くなり、人の中心部が空洞になってしまっているという意味合いを含むようだ）。

世間のあちこちで、宗教的な方面や、啓発的な指導者を名乗る者たちが、さまざまな活動を行っているようですが、（目的が私利に偏ったものが多いことや、解釈が曲がっていたり、的外れであったりすることから）どうも本来の筋道から大分それているものばかりで、（世のため、人のためを思える）真っすぐな正しい志を持つ者が、すっかり減ってしまいました。

ところで、ここから南西の方向にあたる場所に（台湾を指すと思われる）、龍が大きく頭を垂れる（地図上の立地、地形を指す）古くからある湖があります。

どうか、山脈（連山）の、特に高い場所に立つ寺院の上にあたる場所まで出向き、貴殿の持てる（特別な）能力、魂の言靈で（言葉によって伝わる人の思いや、言葉を通じて放たれる能力を指す）、龍神への正しい祈りをささげてほしいのです。申し訳ないが、あまり時間がありません。（龍神：そもそもは神話上の神々に見られる架空の描写であるが、この場合、神や人という枠を超えたものを指しているものかと思われる。）

この場所というのは、山の上から見下ろす場所に、美しい湖があるのですが、この湖の主が（龍を指していると思われる）とても荒んでいると（湖そのものの環境汚染というよりも、世間が穏やかではないという意味合いであろう）悲しんでいます。貴殿は二度、この美しい場所を訪れることとなりましょう。（大きな使命を果たすためこの場所に呼び寄せられるという意味を含んでいるようだ。）

それから、もうひとつ、伝えることがあります。

九つの御靈（魂）の光が貴殿を照らしており（九龍が見守っているという意味合いを含むものか）、この中の御靈のひとつ、青く光を放つものが貴殿に宿っている光ですが、この光刀が少し濁っているように思えます（能力に迷いや邪念などが加わっているという意味か、あるいは守りのパワーが弱まっているか）。そのことに、思い当たる節はありませんか。

これから、貴殿を照らす光（守護するもの）がひとつずつ足されてゆき、最終的には九つ（完成形を示す）となるまでの間には、これまで潜んでいた不善な者たちが、貴殿を頼って集まってきます。その中には、神の名を語るような（いかにも正義、善良を示す）不届き者も隠れていますので、人のよい貴殿のことですから、それらにけして共感したり従属したりせぬように。情けをかけてもいけません。（惑わされるな、志を通せ。神事は真心で行うものですから、そもそも見返りを求めるものではありません。）

一、井戸の水
二、金色の龍
三、青龍

この龍たちが願いを聞き届けるために、山奥の寺で待っておりますよ。（混沌とした世の中が、きっと改善へと向かうでしょう。）

最近は、東北から西南に向けて（地図上でのエリアを示すものか）、至るところに光のポイントが多く点在しており（神に仕える＝世間を正しくよい環境にしようと尽力しているもの）、その光のなかには、それぞれの役割が含まれているのですが、地球の中心（地殻）においても、迷ってしまい（対応がままならないほど混乱しているという意味あいか、すべてがうまく一体とならず、混乱している状態を指しているよう）、どうも正しい方向が定まらないのです。

貴殿を見込んで、この願いを託したい。その場所に足を運ぶことで、この混乱を一体化させ、正しく導くためのガイドとなってもらえませんか。

よくなることを期待し、ただじっとその場で願い続けるよりも、願望を実現させるために行動をするほうが、よほど貴殿の性分にあっていることかと思いますよ。

そこで、貴殿のために龍を遣わせます。龍の背に乗りしっかりと志を遂げなさい。

この形（シンボル）をしっかりと記憶し、慎重に抑える（勢いを増しているものを鎮圧させる悪しきエネルギーを制圧するという意味合いか）奉納（祈りや捧げものをすることで、神仏を楽しませたり、鎮めたりという意味がある）をしてくださるようお願いします。

その場所は貴殿の出生地の高くそびえる山の上にありますが、ここには貴殿は過去に、一度訪れたことがある場所です。

この場所へ赴き、これから五十年の平安を護る火を取ってきてもらえませんか。

（すると、この期間は安泰となる。天災や混乱が起こらず、皆が富貴を与えられるような泰平の世。）

龍には時間の観念がないため（災害には時期的なものはあっても、あくまで厳密に企てて起こるものではないため）予測や予言的なものや、地図などに照らし合わせるとズレが見られるが、そこは注視すべきポイントではなく、そのような誤差的なものにより、この場所で長い間安泰を守り続けているもの（ここから平安のエネルギーが発信し続けられているイメージ）のパワーが弱まっていることが悲しいことなのです。青・赤・黄・木・土の五色の龍と（青、赤、黄、白、黒の「木・火・土・金・水」、即ち五行をあらわし、風水的なパワーや風水的な知識などを示すものでは）、貴殿の真心（志、誠意、正義感など）を合わせてしっかりと祈願してください。私たちが後ろ立てとなり力を貸します。

現世に存在して、現世に存在しないもの、目に見えていても、目には見えていないもの。目と耳と五感を研ぎ澄ませて、六根清浄《ろっこんしょうじょう》（六根とは、「目、耳、鼻、舌、身、意＝氣持ち、心の働き、思い」のこと。自らを鍛えあげることにより、これが清浄となるという意味。六根清浄の言葉は、かつて靈山への登山（修行）の際に唱えられていた）、貴殿の感じるもの、感じる場所、そこが貴殿の在所です。（「居場所」と伝えているのには、「郷里」という深い意味合いも込めているのでは。）

心を清めて挑み（参り）なさい。

目で見えるものだけを認めようとせず、すべてを知識や常識の枠にあてはめようとしないこと。

心が整ったら、（氣持ちの整理がつき、準備が整ったら）真心（忠実な心）で奥底までしっかりと見極めるように。

注意する点としては、九つの頭を持つ龍が貴殿に向かって来たなら、大きく手を広げてしっかりと両手で受け止めなさい。

（九頭龍は雨と水を司る善神。日本の至る地に伝説が残るが、九州の肥後の国――熊本県――阿蘇山には九つの頭を持つ龍――龍はこの山々を象徴するものかも――の仏教関連の伝説がある。熊本地震についての予言であろうか。）

存在として認識できないものでも、そこには神々の氣配が確かに存在します。

貴殿の信じるもの、感じるもの、愛するもの、それらの中にはたくさんの「先祖＝家系や血統のつながりを含め、感謝し尊敬すべきもの」が待っていて、縁を持つ者が集まってくるが、この美しい土地を汚さないように、多くの人に「人として大切なことを」思い出させること、氣づかせること。

この頃は、さまざまな情報が乱れ飛び、正しい情報を見極めることが難しくなり、聖域（神聖な場所、土地）と現世社会が入り乱れて、あたかも現世社会の現実のみが正しいことのように思われがち。

きちんと見識のあるもののみが許される神域（聖域）に、うかつに土足で立ち入り、汚さないように。

ただこの場所の鍵を手にしたものは、後押しを得て、神域の立ち入りを認められるのです。心配することはありません。

〈神託原文は次の通り〉

「さて、よくここまでお参りくださいました。頼みに思うてお前様を遣わすところがあっての近頃は地中の奥深く大きな穴があいてしまひたり。その大穴を埋むるために至るところで我が神と名乗る者らが、神事と名うち思ひ思ひに祈りや神示を銘打っておるが、一向にその真の御心の祈りは、ここまで届く氣配なく、祈りが曲がり、己の様に飽く者ばかりで、絶えてもちて真の祈りを通す者少なくなってしまひたりはべり。

話はそれるが、此れより西南の方位にありて、龍が大きく頭を垂れる大きなる古き湖がありて、山の連なる処に遣いを頼みまほき、足を運んでもらへはべるか、その寺院の高き処でお前様の御靈でもちて、龍人へと魂の言靈届けてもらへざるや悪しきが少々急ぎの用なりて、此の場所といふがの山の上より見下ろすと美しき湖がありて、此処の主がこの地がたいそう荒れにきと嘆いておる。此の美しき場所にはお前様二度足を運ぶ事になるがよろし。

さてもうひとつ伝へておく事がありての、九の御靈の光がお前様を照らしておるが、この御靈のひとつの青き光がお前様に宿る光なりて、この光刀少々濁っておるやうでの、此れに心当たりはあるまいかの、ひとつ二つと三つの光が、此れよりお前様を照らす九の光となるまでに、奥の者たちがお前様を頼りて参るならむがの、その中には神の名を語る輩も忍びて追ひての、人のよいお前様とありてはついつゐ情をかもうて、悲しむ姿に心痛むる様を見れども、決して情をかけてはならぬことよ。

一　井戸の水
二　金色の龍
三　青龍

此の龍たち願ひを聞き届くるが為に山奥の寺にて待ってておるぞ。

近頃は東北より西南なりかけて至る所に光ありて、此の中におのおのの役割が多く入っておっての、地球の要に在ってもなるかなるか此の光が道筋を選べすにおるやうで、ひとつ頼みに思うて、これらの願ひを全て行くべき処へ導く役を頼まれてくれざるかの、その地で止まり、祈り通すよりもお前様の性分にあってておろう。

此れが形を忘れずに、心して参らんとこれとりこの方位抑へずとして、奉納《おさ》めて頼んなりぞ。お前様が生まれし土地の高くそびえる山の上にありて此処は、お前様が一度足を運びし事がある地で候ふ。

此処に、これより五十年の道筋を照らす火を取ってきてくれざるかの、龍が刻を読まぬ事で東と西に少々揺れ（ズレ）が生じるが、それはさほどに大きなる問題ではないが　それをもってこの地にて古くより守護を司る者たちの願ひが弱くなりて　言葉が届かぬようになってしまっている　これが悲しきことにはべる。

青・赤・黄・木・土。

この五色の龍とお前様の真の心の御靈を合わせてしかと祈り通したまへ我後ろ背で祈り通しはべり。

この世にありてこの世にはなきもの目に見えておっても、見えてはおらぬもの目と耳と五感を研ぎ澄まし、六根清浄お前様の感ずるもの感ずる場所、そこが居場所なり。心を清めて参るがよし。

心が整うたら真の心込めて見極めよ。九つの頭を持つ龍がお前様に向うて来れば大きく手を広げしかと両の腕で抱えよ。

たとえ目に見えぬものとて、手に感じぬものとて、そこに御神々の息吹在って、お前様の信じるもの、感ずるもの、愛するもの、そこでは多くの先祖と名の付くものたちが待っておって、縁も持つものがこの光に入るが能ふが、この地を多くの人に知られてはならざるところなるを。

近頃は人の出入りが激しくて、道が曲がりてきて、天と地とが逆になりては悲しきこと、鍵を持つもののみが許されるこの神域にはうかつに立ち入ってはならずぞ。我お前様の後ろ背にて祈り通っておるより憂ふるはなかりはべりよ」

龍神さまは木に宿り、私たちが耳をすませば声が聞こえる

ここで、私を通して本書の読者に関する龍神さまからのご神託があり、Ａｙａさんが口語訳をしてくれました。

私たちは人の心の中にいて人の中に宿っている魂を、いつも見守っておりましてね、時として、我々を呼び出すのは難しいことだと感じるかもしれませんが、私はいつでも貴殿の中におります。

いつの時代もどこかの木に宿り、水に宿り自然の中で時を刻んでおりますが、時や場所を選ぶことなく、貴殿が心から私のことを感じれば、私の声は貴殿の耳に届きますよ。

黄昏の時刻には、湖のほとりで休んでいることもあれば、水辺に移る影（「映る」

と「移る」の意味をかけているもの。水面に写るものに移っているという描写で、「我」が形なきもので、さまざまなものに宿り姿を変えられることを語っていると思われる）として、なにかを見ていることもあって、人が心に我々を思うことがあれば、空には私の姿を見せますし、いつでもそこへ参りますから、心に想って信心しなさい。

御靈を磨くのですよ。（いつも見守っていますから、信心し、精進なさい。）

ところで、貴殿にひとつ質問しますが、貴殿の持つ知識（意識）の中に、風水というものがありますね。

これは、私たち（龍神）と呼ばれる者の領域です。人間の手の入らない（届かない、立ち入れない）思想（幅広い意味で、精神の活動から信仰的なものまで、すべてを含めて）です。

これは、私たち（龍神）と呼ばれる者が住むところ（龍そのものが風水、龍が操るともいえる）ですから、世間に龍という名前（風水を含め）を広めようと思うのであれば、礼節をわきまえて、風水が本来あるべきところを人の心にしっかり響くように伝えなさい。

＊龍を呼ぶ方法

家に龍を招く方法は、難解な説明にならないように。
人の心に届く普段の言葉で説明しなさい。
澄んだ水（邪心のない、清らかな心で取り組むこと）は、龍を招きもてなす心です。
（そこに風水の本質が見られ、龍――神、聞き手を――に心を込めて、手厚く待遇するのと同じことですよ。）

＊人の心に龍を呼ぶ

龍と暮らすものは（神を敬い真摯な氣持ちで生きること。身のまわりの環境を整え生活すること＝風水を実践するなどという意味を含んでいると思われるが、特に意識せずとも）なにも特別に選ばれたからなれる人間というわけではない。

心にたくさんの宝（大切に思うもの、敬うもの）を持つ人です。

空には多くの龍が舞っていますが、人間のことが大好きで、人間を守ろうとする龍もいます。

人間が本来の心をかたちにして、それを真（信）心で天に向かって祈り通せば、それがすなわち、人の心に龍を呼ぶということなのです。

龍といっても、現代の人が想像しているような姿をしているわけではありません。いつのときも自然の中の至る所にいて、神々が鎮座するといわれている場所には、たいてい龍神の降りる木（御神木）がありますから、その土地を静かに護っております。

本来でしたら、人の目で見ることは難しいことですが、心のあるものは（志・氣——エネルギー、パワー——の高い人）は、美しい自然のある場所を訪れると、龍のほうが寄ってくることがあり、その姿を木々の形に移したり、空を見上げたら（雲の形として）その姿をあらわしていたり、心から私に会いたいと祈り通す人には、龍の姿はありとあらゆる形に変化してあらわれます。

龍はいつでも貴殿の心の内にあって、天へと思いを届けるのです。

龍というものは、清高な（清らかで優れている）存在ですが、人と龍とは、昔から深い絆があるのです。

龍の分け御霊でも（神道では魂は分霊することができ、魂を分けても同じエネルギーを持つと考えられている）人間にとっては神と同じくらい氣高いものです。

それを得る喜びは二重になり、その者には富貴がもたらされます。

（富貴：精神的にも財にも満ち足りて、高い身分であること。）

清らかな心の真（信）心で、私を慕うものには、私たちの息吹を感じ取ることができます。

人事を尽くして天を仰いだ者だけが、私の背に乗ることができるのです。

龍神さまからのお願い

その後急遽、私とＢｅＢｅさんとＡｙａさんで風水ツアーを組んで、お互いの風水鑑定などのクライアントさんを誘い、神々さまから直々にお招きいただく、とてもありがたい台湾日月潭文武廟へ、尋龍點穴を兼ねた正式参拝をしに行くことになりました。

尋龍點穴には大きく分けて無形と有形の二種類があり、有形とは地理的にみた吉相地に対して、なにかしらの風水調整や儀式を行い、無形とは神々に呼ばれて参拝や神事を行うことです。

どちらかというと、有形が現世利益で、無形は神々さまのお手伝いといったところでしょう。

したがって今回の尋龍點穴は無形のもので、人間では神を測ることすら叶わないため、なにが起こるかまったくわからないですし、そんなに単純なものでもないのです。

そこで得たお告げの現代語訳は次のとおりです。

よくお参りなさいました。まずは礼を申しますよ。

この地の湖に、古くから暮らしている龍の群れを取りまとめている、この地の最高の護龍が青龍で（護龍：台湾の伝統的な寺院や家屋は守護として龍が飾られている。

また、台湾の寺院などの建造物の中心となる部分を左右から守るように建てられている部分を「護龍」といい、龍が絶対的な守りのシンボルであることを示している。青龍：四神のひとつで、東を守護するシンボル。あらわす季節は春＝物事が成長し始める時期で強いパワーを秘める。道教の人格神化した名前では、東海《とうかい》青《せい》龍《りゅう》王《おう》敖広《ごうこう》）、白龍、金色の龍など、多くの龍神が、この地の空を飛び回り、幾重にも折り重なるようにして守っていたのですが（自然界、幽玄界ともに、強いガードがあったことを意味する）、昨今はすっかり水が穢れてしまい（世間が穏やかでなく、人々が信仰心や、自然をいつくしむ心を忘れがちであることを示しているようだ）、そこに住んでいた水神の息遣いすら聞こえなくなり（かつての聖域としての、荘厳なエネルギーを感じられない）、風が吹いたところで、水面に映るのは、もはや守護するものがなくなってしまった虚空だけが存在するのです（虚空：一般的に「何もない空間」の意味だが、仏教用語では「何も妨げるものがなく、すべてのものが存在する場所としての空間」を意味する。虚空蔵には「虚空の母胎＝広大な宇宙のような無限の智恵と慈悲を持つ」という意味があるが、巨大な湖――この世界――自体には守護するものが隠れてしまっているものの、混沌としてまとまりがない中にも、智恵――神仏の真理を正し

く認識し判断する――と慈悲を、大いなるポテンシャルとして持っているということを示しているのではないかと考えられる）。

この土地に龍神が不在であれば、人々に豊かさや幸せ（富貴）を与えることができません。（富貴は身分の高さを示すことから、豊かで何事にも不安や不足のない「安泰」の意味も含んでいるようだ）

古くから、この地を（この世界）を守り続けていた龍神が、護ることをやめて、ここを離れて飛び立ってしまおうとするときに、貴殿の御心（真心や正義感、情け深さなど）と力（両の腕＝バイタリティという意味合いでの、強さ、エネルギーや能力の高さを示しているよう）でしっかりと抱きかかえて、主のいなくなってしまったこの湖に（龍を）返してやってもらえないでしょうか。

そうしてもらえれば、あとは迷ったり、離れてしまう龍神がいないように、すべての龍を私が引き受けましょう（エネルギーを取り戻すための契機が必要。その任務を任された）。

この湖の中に、かつては多く存在した黒の真魂（黒真珠）、この地の水が減り、魚が減り、穢れたことで、たくさんのものを失ってしまいました。
（真珠は古くから貴重な宝物として珍重されてきたが、富、健康、長寿など幸せのもたらすシンボルでもある。また、黒真珠は「己の信念を曲げず、他者を尊重する」というパワーを秘めているといわれている。黒真珠を「真魂」と示していることから、この世界は、己の正しい信念は貫きながら、他人と争わず、敵味方の区別なく、常に相手に対して真摯な氣持ちを持ち寛容であり、博愛の誠心に満ちていたということをあらわしているのではないだろうか。）

龍と「玉」はイメージ的にセットのようなものであるが、龍の持つ玉は仏教で、「如意宝珠《にょいほうじゅ》」意のままにさまざまな望みを叶えてくれるといわれる宝、龍のパワーの源でもある。

法華経の経典の中で、龍宮に住む龍女に文殊菩薩《もんじゅぼさつ》が法華経を説いたところ、龍女は釈迦如来に如意宝珠を奉納したといわれる。

日本の神話では、龍宮の主が龍神で、この二人の娘が豊玉姫命《とよたまひめのみこと》、玉依姫命《たまよりひめのみこと》である（後の神武天皇を産み育てたといわれる姉妹）。「玉」には深い意味合いが込められているようである。

天と人の心がつながるという意味の、一靈四魂《いちれいしこん》は日本古来の神道が基となる思想であるが、神や人には荒魂（あらみたま・活動）、和魂（にぎみたま・調和）、幸魂（さきみたま・幸福）、奇魂（くしみたま・靈感）の四つの魂があるといわれ、それぞれが「勇」、「親」、「愛」、「智」の意味を司る。

（これは陰陽五行論、風水でいう五方（五つの方位）の概念とも非常に関連性が高く、五方とは北＝水、南＝火、東＝木、西＝金、中央＝土を示し、同時に「仁義礼智信《じんぎれいちしん》」の五徳をあらわす。「真魂」は、これらさまざまな意味合いすべてを孕むのではないだろうか。）

これも龍と一緒に、私に届けていただきたいのです。（「まほし」で大勢の強い希望と期待を示している。「真魂」を取り戻せ。）


龍が止まってしまわないように（動き出すエネルギーを止めないように）、しっかりとこの大役を成し遂げてください。人々の喜びや苦しみの感情、崇高な心、さまざまな感情を、この真魂に注ぎ込んで、しっかりと胸に抱えて、ここまで届けてください。

我欲を抑え、ときには腹が立つようなこともあるだろうが、穏健に、辛抱強く、志を高く持ちなさい。貴殿の頑張りが、この先、たくさんの人たちに広がってゆくでしょう。

形があるもの、形のないもの、いずれにしても、人間というものは、生まれながらにして、生きるということのすべてを自分で決めるものなのですから、ときに思い迷ったり、尻込みしたりするようなことがあっても、貴殿の人生の至る所で、私の龍がしっかりと守っています。

志（貴殿が決めた目標、強い思い）と共に、天高く舞い上がる貴殿を（高いところを目指して上昇する＝前進、成長）、ここへと導びけば、天意（自然の意思＝そもそも、当然の成り行きとして貴殿を選び、神託を遣わせている）後のことはなにも心配することはない。

忠義に礼を（忠義＝国家や主君に誠意を尽くし仕えるという意味だが、志を遂げる鮑義忠氏への礼の意味も含んでいるものか）。

クニトコタチノミコトからの神託

さらに、私とBeBeさんとAyaさんと三人で、三泊四日のツアーを組み、台湾中部の日月潭《にちげつたん》という湖の前にある文武廟《ぶんぶびょう》という道教寺院を訪れました。

台湾日月潭文武廟

（P.137 写真：溝江俊介）

奇しくも日月で即ち陰陽という名で、國常立尊（クニトコタチノミコト）絡みで、ここに再び来るとは、思いもしなかったのです。

我々が國常立尊（クニトコタチノミコト）と十八代玉帝閣下などに呼ばれて、神事を行ったとき、空には龍と鳳があらわれました。

文武廟の關聖帝君、文武財神、關平太子、周倉将軍像

この度の尋龍點穴及び開光が無事、滞りなく満了した事を確認するため自動書記（お筆先）を行うBeBe さん

傍らで審神者をして、神託を読み解く Aya さん

これは二〇一五年十月十六日に、十八代玉帝閣下、國常立尊からの神託により、台湾日月潭文武廟にての出来事です。

曰く「二〇〇九年、台湾地震で文武廟の結界が壊れたため、國常立尊から授かった千匹の龍の氣で新たに開光をし直してほしい」と命を受け、天皇大帝《てんこうたいてい》（萬神教主勾陳大帝《まんしんきょうしゅこうちんたいてい》）、紫微大帝《しびたいてん》（萬星教主玉斗天尊《まんせいきょうしゅぎょくとたいてい》）、北極玄天上帝《ほっきょくげんてんじょうてい》、國常立尊、木花咲耶姫、数多の神々、億千匹の龍、億万匹の鳳凰を従えています。

二〇一五年十月、日月譚文武廟《にちげつたんぶんぶびょう》で尋龍點穴と開光點眼《かいこうてんがん》

二〇一五年十月十六日、神託を受けたＢｅＢｅさんが記し、それを審神のＡｙａさんが現代語に訳してくれます。

十八代玉帝（關聖玉皇閣下）、北極玄天上帝、國常立尊から筆者宛に降りた神託

龍宮の地神に降臨したのは、古くからこの一帯を守ってきた民族（古き民）の御靈（神靈、靈威＝不思議な威力を持つ意味合いも含む）である。

　龍宮とは湖を含めたこの一帯のことを示しているようだが、想像上の理想郷「龍宮」のことも同時に示しているようである。龍宮は日本では古くは「古事記」「日本書紀」に「綿津見神宮《わたつみのかみのみや》」として登場する。また、中国や日本全国から琉球諸島にかけてだけでなく、世界中に類似する伝説があり多様性を持つ。龍宮は道教の流れをくむ神仙人思想のなかでは、東方に存在するといわれる「蓬莱」のことを指すといわれている。日本では竹取物語にもこの言葉が登場し、蓬莱は「富士山」を指すという説もある。また蓬莱は台湾の異称として使われる場合もあるため（中国では台湾＝蓬莱仙島、ここでの「龍宮」は台湾そのものを指しているとも考えられる。

　地神とは、土地を守る神さまで、日本の神道では天照大神をはじめ、日本古来の神々を指す場合もあり、田の神、道祖神のような農神や集落、屋敷の守り神を指す場合と幅広い意味があるが、土地神というと、水にかかわる（巳神≒龍神）と深く関連しているケースが多く、その土地独自の守り神という意味合いが強いようである。この場合の地神とはおそらくそれに近い意味合いかと思われる。古き民とは、この地に古くから住まう人、ポリネシアはハワイ諸島からニュージーランド、イースター島の太平洋の三角地帯のエリアにある諸島であるが、もともと無人島であったハワイ諸島へは主にタヒチから、アウトリガーカヌーによって海を渡り、移民した人々がハワイ人のルーツであるといわれている。そのため、ハワイ語、サモア語、タヒチ語など一帯のポリネシアの言語は、非常に共通性があり、自然崇拝的な宗教観も類似するといわれる。また、日本の古来からの神道の観念にも共通するものがある。このポリネシア人の祖先は台湾の先住民である。このことから、この土地と民族はとても歴史が古く、この改革ともいえるようなコマンドが出されるポイントとなった場所が、台湾の中心部にあたる場所に位置する日月潭であることに、起因するのではないかとも考えることができる。この地が荒れて水が穢れ、外来の生き物もここで生活していると知らせていたが、国交や移民により、かなり多種多様の民族が暮らすようになったという意味であろうか、台湾は少数の「原住民」以外が他民族国家である。

九頭九尾の龍が護《まも》っていたので、人々は平穏に暮らしていました。九頭龍は、日本の神話でも、古くから中国でも、土地の形状や、山の形、川の流れなどを龍にたとえて示していることから、地脈と氣の流れなどの風水的な意味合いも含め、土地のあらゆる地形の場所でも、平和で安泰であったという意味ではなかろうか。

天職（才能や性質に見合った、果たすべき役割）が（生まれながらに）備わっている人たちは、魂が抜け落ちてしまった（生氣をなくし、本来の能力を発揮できていない）かのように見える今の世の中、ここにやってきた妖（あやかし＝邪悪なもの、人の心を惑わすもの）が人の妄想を掻き立てる。（人々に不安を与えたり、混乱させたり、誤った道に進ませる。）

これらのほとんどのものが、邪の御靈（間違っている、道理に外れているもの）です。

この世の始まり（天《てん》地《ち》開闢《かいびゃく》：世界が始まるとき、天と地が初めてできたという意味。荒れた土地を切り開くという意味もある）の最初（初＝始め「初」は陰暦での一日～十日を意味するため、具体的な日を示すものかも）の約束のときが、ゆっくりと近づいてきています。今のまだ静穏なうちに、しっかりと御靈（知識、能力、精神力）を高めて準備をしなさい。

東の空（東方）から現れた光は、南の谷底へ。

天の火が降り落ちないようにしっかりと祈りなさい。（天の火＝天から降りそそぐ、すべての物を焼き尽くす神秘的な火のことをいう。あるいは紫微垣《しびえん》の火之氣即ち十八代玉帝をあらわす災い、災害が起こらないように、それを阻止すべく祈るように。）

東は太陽が昇る方向、南は太陽が高く上る位置で、日本では古くから神に祈り願う方向という意味合いもある。

すべてを照らす光がなくならないように、という意味であろうか、貴殿はできるだけ早く、貴殿の御靈（知識、能力、精神力）を磨いて、このことに備えて、天地の神さまとひとつに合わさる氣持ちとなること。

能力を高く、精神を統一し、何事にも心配り（氣遣いや思いやりの意味と、用心すること、守護するという意味もある）、凶事（災難、危難）がきても、どっしりと構えてびくともせずに、心はいつでも安らかに落ち着きはらって構えなさい。

貴殿は、憂き与人（憂きを与える＝厄介者というような意味合いか、困難、問題を与える人という意味か、あるいは「与人」は琉球王国時代の位の高い役職である民族用語でもあるため「そこそこの立場があるが、けっしてよい影響を与えない人」という意味を含んでいるかもしれない）とはかかわらず、争わず、目には見えないが、天地天空（天変地異＝異常氣象や地震・津波・火山の噴火など）が自分のところに起こっていると思うことはともかくとして、春夏秋冬（一年中、いつも）昼も夜も光も闇も雷すらもみな、自分の言靈が自由にやり遂げることのできる魂なのですよ。

（自分にふりかかる）どんな災いにも見て見ぬふりをし（動揺するな、咎《とが》めずやりすごせ）幸運のときでも油断をせず、人生（「生死をひとつと与時」を生まれてから死ぬまでの人生というニュアンスに解釈した）を神ながら、その成り行きに（大道＝天命といえるほど、すでに決まっていることという意味に解釈）任せます。

それは言いかえれば忠義の御心（意思）ですよ。

忠義の御心とは、關聖帝君＝關帝、關羽将軍は、史実的に「忠義の英雄」「忠義の士」を象徴する人物である。御心とは「神」の代表格として關聖帝君の御心のことを示しているとも考えられる。

この旅に参加頂いた方から写真を提供して頂きましたが、このときBeBeさんは空を見上げて、自動書記（御筆先）をされていて私は、このとき手印を結んで龍と鳳凰を呼ぶ咒文を唱えていました。

ＢｅＢｅさんが神託を降ろした際に、空が龍から鳳凰に変わりました。龍と鳳凰が合したことを「龍鳳瑞祥」ともいい、陰陽、日月、男女、和合、調和を表し縁起のよい意味ですが、この場合は「此の度の神事においては無事円満に完了した」ことを報せる意味です。

龍の顔の形をした空

龍の顔の形をした空。左を向いている

続いて鳳凰のような空に変わる

龍の顔の形をした空

この場所は二〇一三年にも、私宛に神童から「九頭龍さんからお前にお告げで『彼には強そうな武神ばかり常にたくさんいて、近寄りがたかったけど、今回台湾に来ることでその護衛がいなくなったから力を授けたい』といっているから、この寺院に行ってくれ」といわれてきた依頼でしたが、まさか、その二年後にこの場所に再び来るとは思わなかったのです。

しかも國常立尊（クニトコタチノミコト）と十八代玉帝（關聖玉皇閣下）と数多の神々に呼ばれて、尋龍點穴と開光を行うとは思いませんでした。

日月譚文武廟の九龍の壁画

ここで紹介した口語訳は、私個人に向けられたものではなく、私を通して読者の皆さんにお伝えしなければならないものなのです。

皆さんにその内容を理解してもらい、自ら生かしてもらうのです。これがこの神託の本来の意味でありましょう。

しかし口語訳しても、なかなか一般の読者にはわかりにくいところがあると思います。

それはもともと龍神さまや神さまが神託の意味（写真下・次項）をかみ砕いて、わかりやすく解説する責務を負っているわけではないからで、それは私たちに対する啓示に過ぎないのです。

神託を授かる私たちの方が、努力して意味を解するようにす

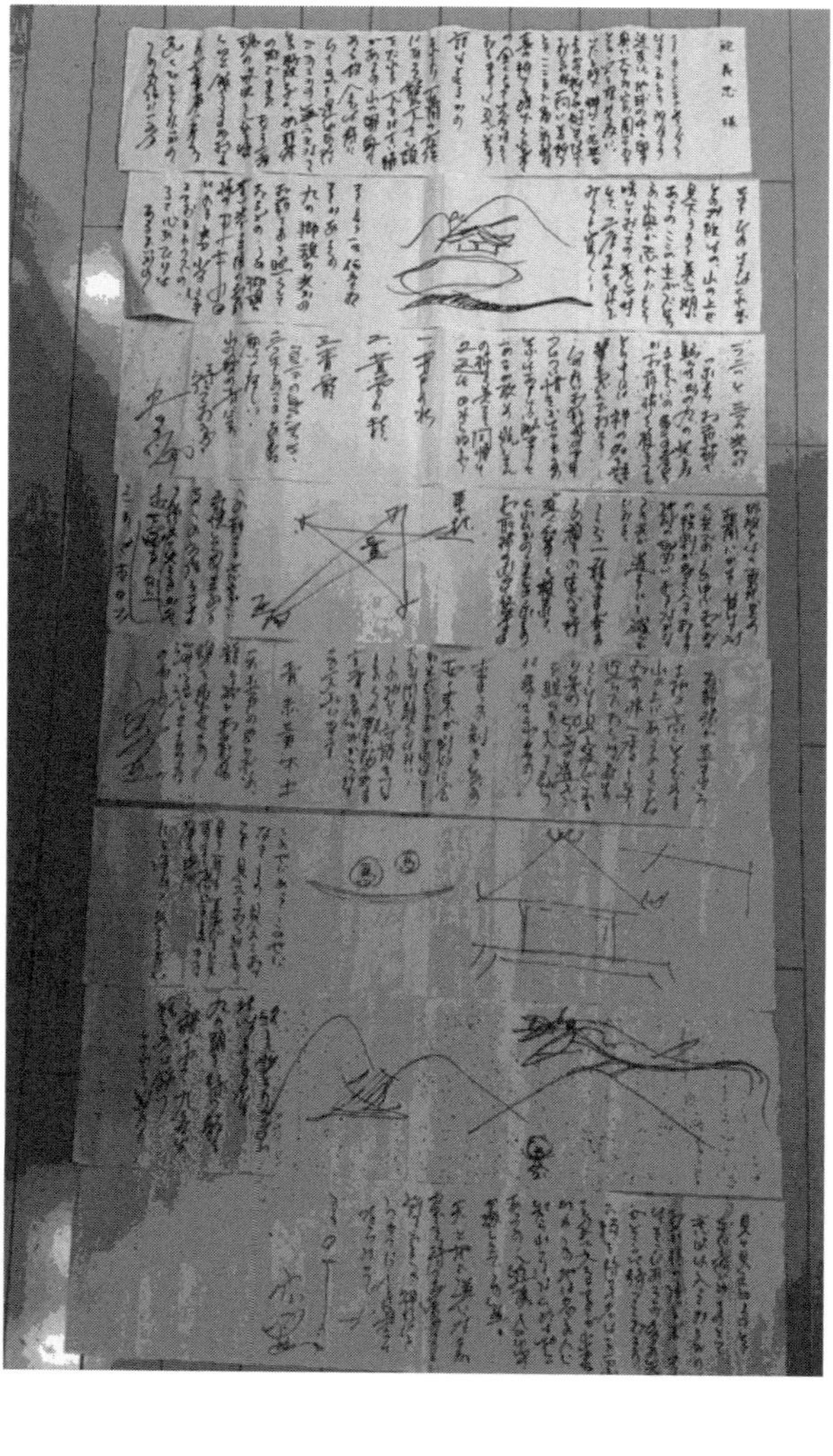

るのが当たり前なのです。

なぜなら「神託」は〝龍神さまや神さまからありがたく授かるもの〟だからです。

また、それをかみ砕いて紹介するのが、私のような風水道士や正統な靈能者のような存在なのです。

そこで最後に、ここで紹介した私が授かった神託全般について、龍神さまからのメッセージを要約して、一般の読者にもわかりやすくお伝えしておきましょう。

〈私が託された龍神さまからのメッセージの要約〉

龍神さまからすべての人々に向けてのメッセージは、「真の自分を見つめ直す」と「自分を大切にする」という二つに尽きるのです。

これは、今の世では虚飾に踊らされて、本来の自分を見失っている人が大半であることを意味します。

それにより間違った思想、思考から負の連鎖が起こり、その結果、地球の自然破壊

（大地、河川、海、大氣汚染など）につながっています。

それはすなわち、人類滅亡を意味します。

もうひとつは、自分を大切にする人が少ないということ。自分を大切にできる人は周りにも氣配りができるので、因果応報で、結局は自分たちに返ってくるのです。

したがって、自分たちの生活の源である自然を破壊するという、〝愚かな行為〟をすることはありえません。

「真の自分を見つめ直す」と「自分を大切にする」というのは、なにも特別なものではなくて、意識を少しずつ変えていけば実行できるのです。

どうか自分のために、先祖のために、家族のために、仲間のために、地球の平和、宇宙の平和のために変わってください。これが最後の機会かもしれません。

いつでもどこでも聞くだけでご利益がある
鮑義忠による、
百福招財や避邪など万能の祝詞
「安《あん》龍《りゅう》神咒《しんじゅ》の祝詞」

目を瞑り、あなたが抱えている悩みや問題、
または願いごとを心の中で三度唱えましょう。
そして、できるだけ穏やかな氣持で、祝詞を聞いてください。

【読者無料特典】
音声（mp3）ファイル、約５分。
下記 URL よりダウンロードできます。
http://www.voice-inc.co.jp/content/1096

祝詞日本語訳

龍神が招けば
住まいは光輝を放ち
崑崙山からきて
福力は強大なる。
天にも龍があり
地にも龍があり
寺廟にも龍がいる。
龍は対となり左右を舞い
互いに相乗し合い
良い影響を与えて
物に溢れ財は豊となり福壽はさらに長く
文武に優れ
子孫は繁栄し
優秀な人材が輩出し
富貴は非常に長く続き
試験にも合格し
鸞《らん》も鳳《おおとり》も歌いながら舞う。
龍神を安置し招く者には
適時良い機会を与える。

鮑義忠
(ほう ぎちゅう・パオ イーツォン)

風水コンサルタント（玄空飛星派風水、八宅派風水、道教風水、道教符咒術）

1981年台湾生まれ。国内における正統派風水のさきがけである鮑黎明を父に持つ。父の病をきっかけに全宇宙最高神である十八代玉帝（闢聖玉皇閣下）が現れ、父の運命を変える未来を宣告され、それ以降、十八代玉帝の計らいで台湾道教の林文瑞老師（玄靈法師）のもとで厳しい修業を行い、護符を書く力を授かる。国内はもとより十八代玉帝（闢聖玉皇閣下）の天命に従い人々、土地、洋の東西を超越した高級神靈の救済に奔走している。著書に「貼るだけ！超開運風水」、「貼るだけ！超招財風水」（自由国民社）、「大開運！神様風水」（廣済堂出版）などがある。現在住居、オフィス、店舗の中古・新規物件の監修などを幅広く行っている。

鮑義忠監修 道教風水アイテム
…http://taoizm-fengsui-seiryudo.com/
鮑義忠 ameblo…http://ameblo.jp/taoizm-fengshui/
風水鑑定お問い合わせ…taoizm.fengshui@gmail.com

BeBe（ビビ）

犬神使いであった第十代種子島島主、種子島幡時の末裔、高級神靈からの神託を自動書記にて記すという、国内で珍しいお筆先占術のシャーマン。2010年にマレーシアに渡り、リリアン・トゥーより風水を学ぶ。その貴重な風水の知識をベースに、風水師としては異例のサイキックリーディングを連動させ、パワフルな鑑定で、クライアントの豊かな生活環境作り、開運、幸せ探しのお手伝いに日々奮闘中。現在風水コンサルテーションとして、「八宅派・玄空飛星派」を用いた、住居、店舗、オフィス、新規建築物件のコンサルティングやお筆先による鑑定として、特殊戦術、自動書記を用いた運命鑑定、仕事、人間関係、恋愛、結婚、ご先祖絡みの鑑定、その他、タロットリーディングのセミナーを行っている。

BeBe（ビビ）のラブスピリチュアル
…http://love-spiritual.net
鑑定お申し込み＆お問い合わせ
…http://love-spiritual.net/mail

Aya（彩）

世界的な風水マスター、リリアン・トゥーのもとで風水を学び、GIA（米国宝石学会）の資格を持つ、風水開運アドバイザー・開運ジュエリーデザイナー。リリアン・トゥーから直接学んだ風水の知識と、GIAで学んだ本格的な宝石の知識とを合わせて、海外ラグジュアリージュエリーブランドでのアドバイザーのキャリアを活かし、風水と統計学問である八字（四柱推命）に、パワーストーンの効果を合わせ、開運アドバイスを行う。現在フライングスター風水（玄空飛星派）による、オフィス・店舗・住居の開運アドバイスやオリジナルグッドラックジュエリー（開運ジュエリー）及び パワーストーンブレスレット、小物デザインのオーダー制作、その他、四柱推命（4Pillars of Destiny）による鑑定や開運アドバイス、開運セミナーなどを行っている。

彩（Aya）のラブスピリチュアル
…http://aya.love-spiritual.net/
お問合せ…http://aya.love-spiritual.net/mail

龍神召喚の書　あなたの人生を大きく前進させる「龍」のチカラ
2016年10月31日　初版　発行

著　者　鮑義忠／BeBe／Aya
装　幀　藤井由美子
編集協力　アイブックコミュニケーションズ
イラスト　木村襄之
発行者　大森浩司
発行所　株式会社 ヴォイス　出版事業部
〒106-0062　東京都港区西麻布3-24-17広瀬ビル
☎03-5474-5777（代表）
☎03-3408-7473（編集）
📠03-5411-1939
http://www.voice-inc.co.jp/
印刷・製本　株式会社光邦

落丁・乱丁の場合はお取り替えします。

ISBN978-4-89976-457-1　C0011
Printed in Japan

［五行の龍の護符］

ご利益など詳しい説明は第2章をご参照ください。
点線に沿って丁寧に切り取ってください。

中央…黄龍神君

一氣黄帝龍神君

南…赤龍神君

三氣赤帝龍神君

北…黒龍神君

五氣黒帝龍神君

西…白龍神君

七氣白帝龍神君

東…青龍神君

九氣青帝龍神君

［龍神降臨の護符］

ご利益など詳しい説明は第2章をご参照ください。
点線に沿って丁寧に切り取ってください。

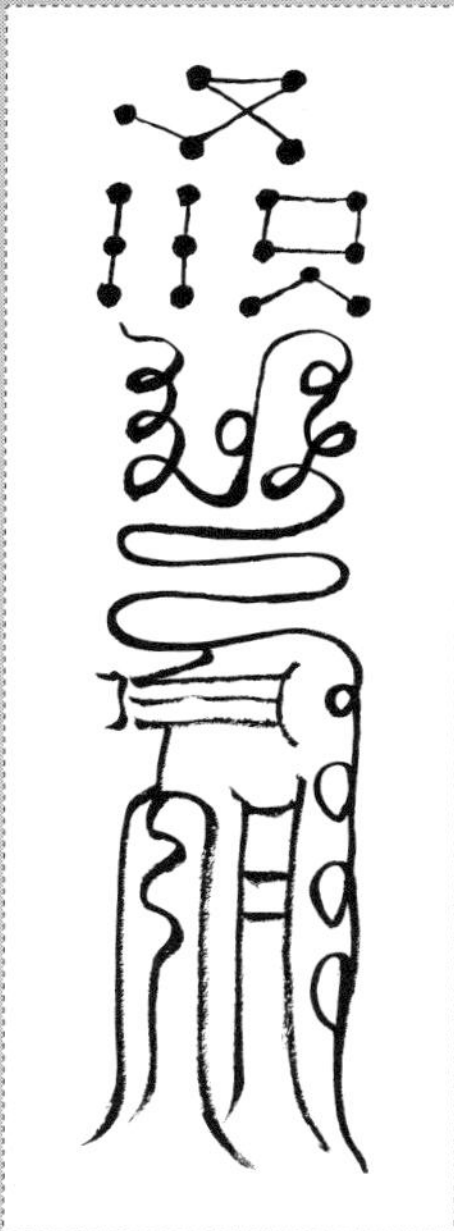

招降雨符

龍神召喚符

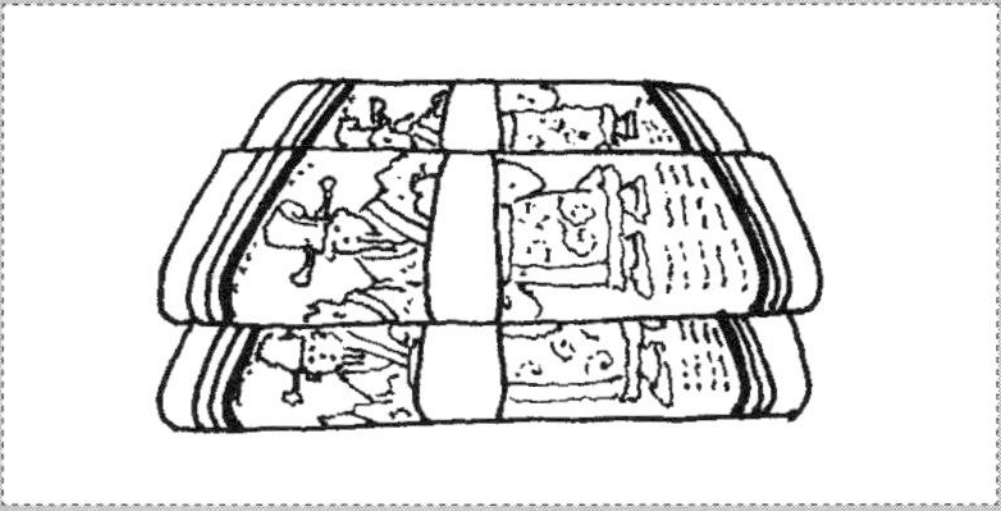

金紙

銀紙

［十体の龍神の護符］

ご利益など詳しい説明は第2章をご参照ください。
点線に沿って丁寧に切り取ってください。

青龍

青龍帝王

赤龍

赤龍帝王

黄龍

黄龍帝王

白龍

白龍帝王

黒龍

黒龍帝王

【十体の龍神の護符】

ご利益など詳しい説明は第2章をご参照ください。
点線に沿って丁寧に切り取ってください。

緑龍

緑龍帝王

紫紺龍

紫紺龍帝王

銀龍

銀龍帝王

金龍

金龍帝王

九頭龍

九頭龍帝王

【二十八宿護符】

ご利益など詳しい説明は第2章をご参照ください。
点線に沿って丁寧に切り取ってください。

東方七宿護符　角宿符

東方七宿護符　亢宿符

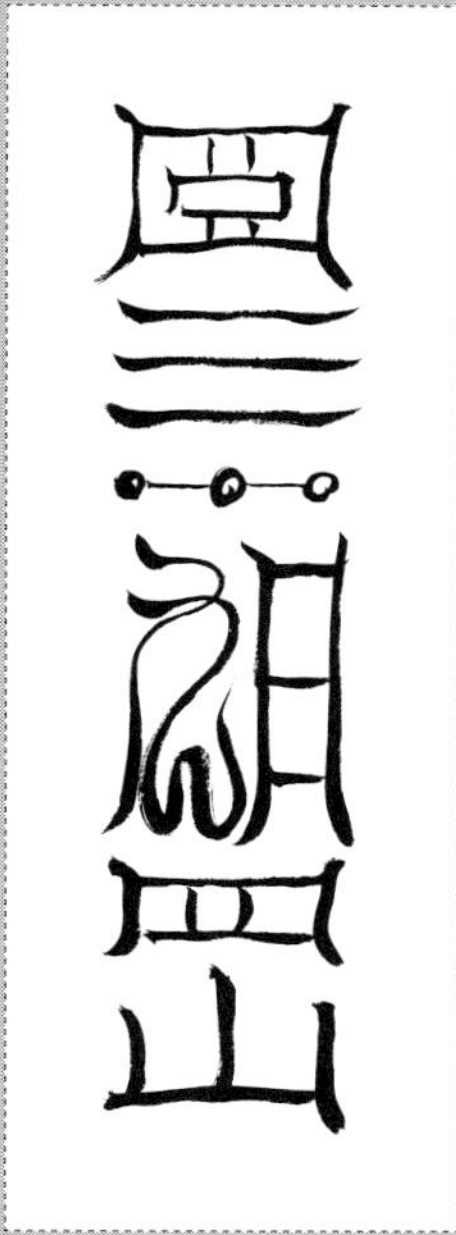

東方七宿護符　氐宿符

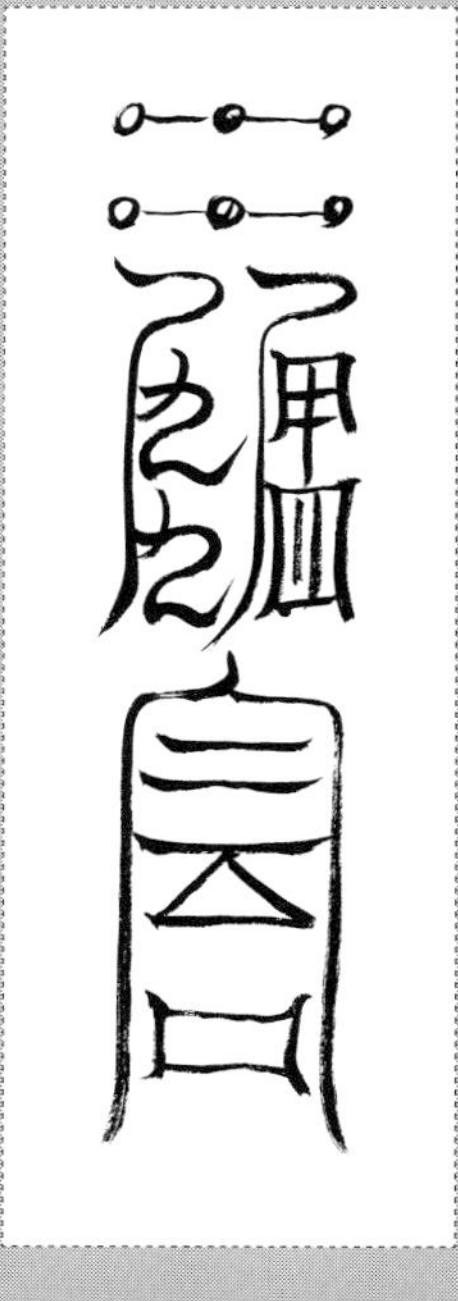

東方七宿護符　房宿符

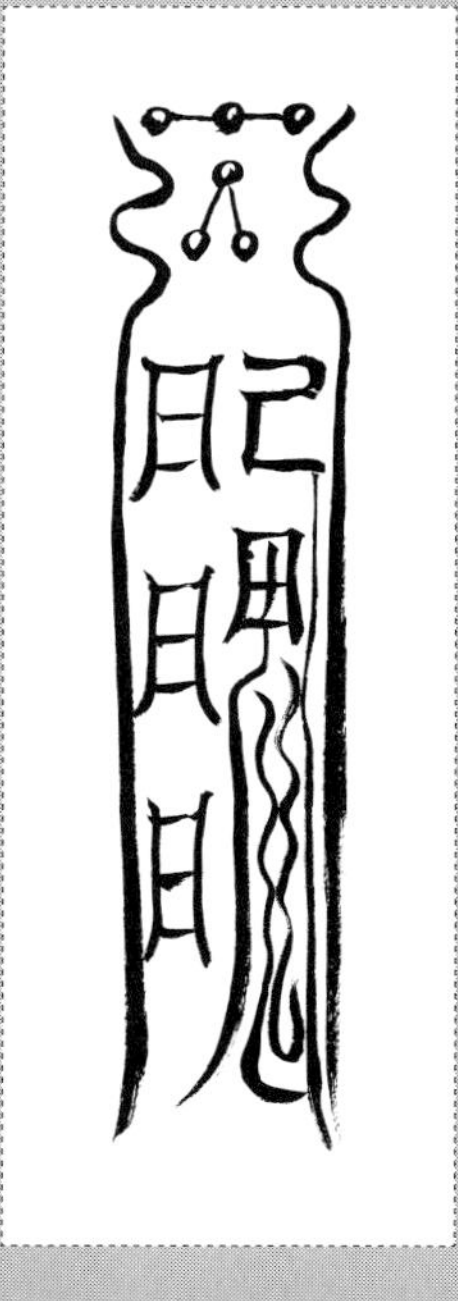

東方七宿護符　心宿符

東方七宿護符　尾宿符

東方七宿護符　箕宿符

北方七宿護符　斗宿符

北方七宿護符　牛宿符

北方七宿護符　女宿符

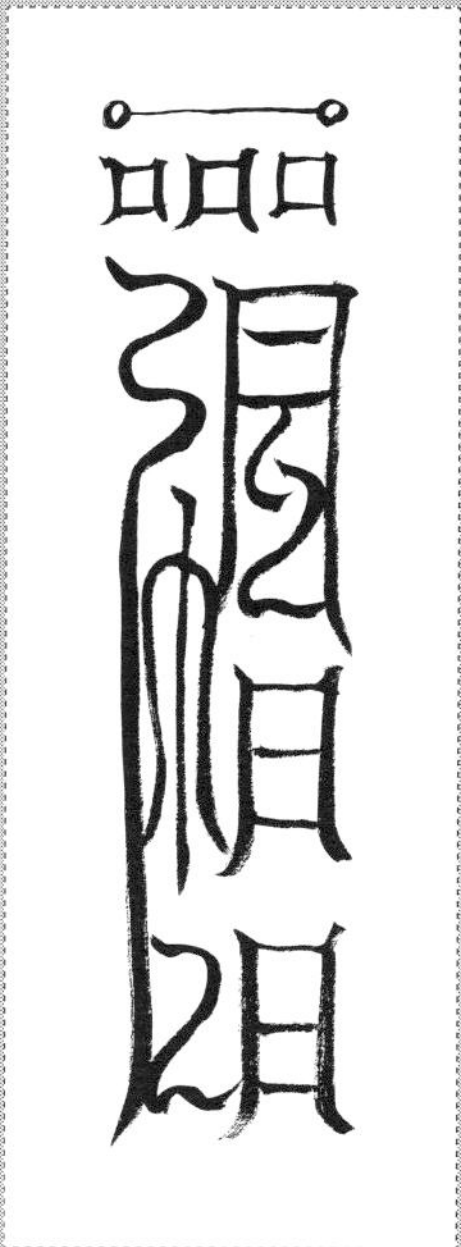

北方七宿護符　虚宿符

北方七宿護符　危宿符

北方七宿護符　室宿符

北方七宿護符　壁宿符

西方七宿護符　奎宿符

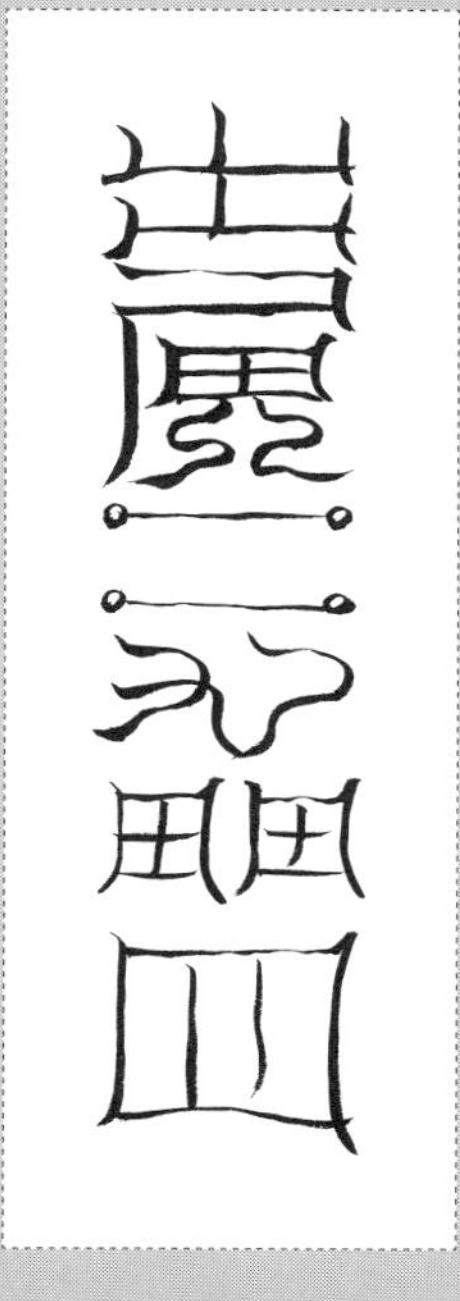

西方七宿護符　婁宿符

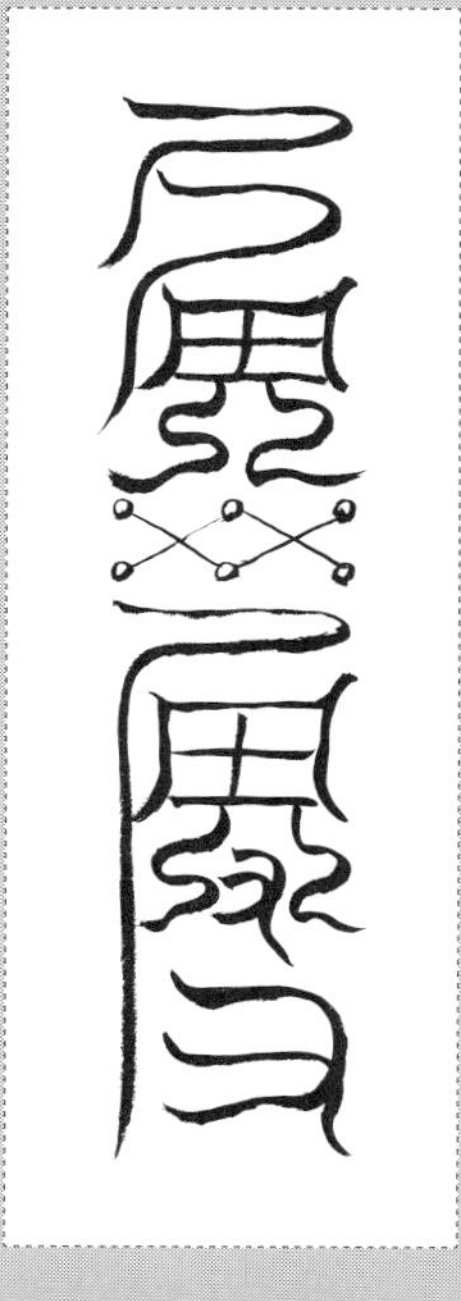

西方七宿護符　胃宿符

西方七宿護符　昴宿符

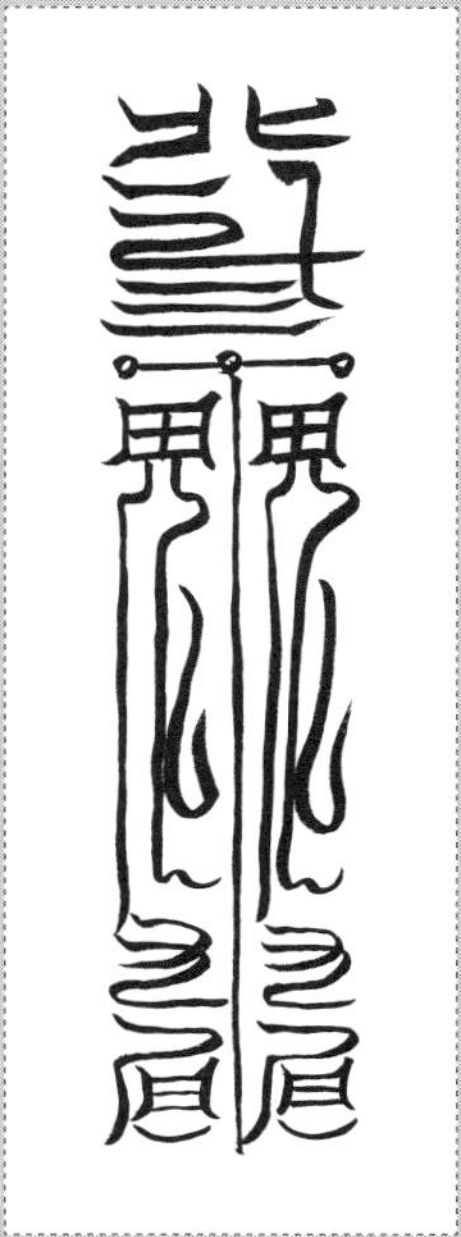

西方七宿護符　畢宿符

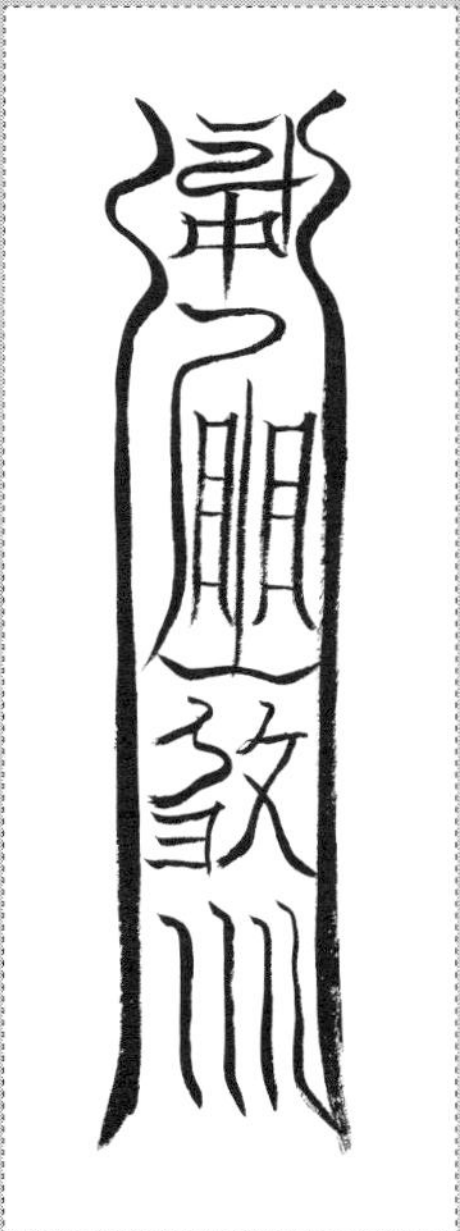

西方七宿護符　觜宿符

西方七宿護符　參宿符

南方七宿護符　井宿符

南方七宿護符　鬼宿符